Das Schweizerische Institut
für Kunstwissenschaft
in der Villa Bleuler · Zürich

Mit Beiträgen von Hans-Jörg Heusser, Claudio Rotter, Anne Keller, Martin Fröhlich,
Guido Hager, Andreas Jung und Arthur Rüegg

1994
Schweizerisches Institut für Kunstwissenschaft, Zürich

Das Schweizerische Institut für Kunstwissenschaft in der Villa Bleuler · Zürich

Für die grosszügige Unterstützung dieser Publikation danken wir ganz besonders der Grütli-Stiftung, Zürich,
sowie den folgenden, an Renovation, Um- und Neubauten beteiligten Firmen und Unternehmen

LOCHER
Bauingenieure und
Bauunternehmer
Zürich

SULZER INFRA
Heizung - Klima -
Sanitär
Zürich

f. becker söhne malergeschäft
Malergeschäft
Zürich

Arnet+Co AG
Natur- und Kunststein-
Unternehmung
Zürich

KNUCHEL + KAHL Möbel und Innenausbau
Möbel und
Innenausbau
Zürich

SECURITON
Alarm- und Sicherheits-
systeme
Zollikofen/Bern

Schaub Maler
Theo Schaub sen. u. jr.
dipl. Malermeister
Zürich

KARL WAECHTER ING.
Karl Waechter AG
Sanitäre Installationen
Zürich

Architekten: Ueli Marbach und Arthur Rüegg, Zürich / Klaus Dolder, Hinwil

Schneider Engineering + Partner AG
Zürich

Schreinerei Adolf Gucker, Zürich

Wolfermann Nägeli, Metallbau AG
Zürich

SKS Ingenieure AG, Zürich

Jaquet Parquet AG, Zürich

Peter Forrer, Bautreuhänder
Langnau am Albis

J. Kowner AG, Elektrische Unternehmungen, Zürich

ISBN 3–908184–63–0

Lektorat und Redaktion:
Urs Hobi und Viola Radlach, SIK, Zürich
Gestaltung:
Hans Schuppe, Forch
Satz, in Syntax
(entworfen 1968 von H. E. Meier):
SIK, Zürich
Papier:
Versailles Perigord matt, 135 gm²
Lithos:
Photolitho AG, Gossau, ZH
Druck:
Fotorotar AG, Druck · Kommunikation · Verlag
Zürich und Egg
Ausrüstung:
Eibert AG, Eschenbach SG

Vorwort und Dank

Sint Maecenates, non deerunt, Flacce, Marones

Die Geschichte des Schweizerischen Instituts für Kunstwissenschaft (SIK) könnte man als eine Geschichte des Mäzenatentums bezeichnen. Und in dieser Geschichte des Mäzenatentums findet sich das besonders eindrückliche jüngste Kapitel über den Umzug des SIK in die Villa Bleuler und die Herrichtung dieser herrlichen Villa für das Institut. Man könnte es auch anders nennen: Ohne grosszügiges Mäzenatentum wäre das SIK nicht möglich und wäre sein Umzug in die Villa Bleuler nicht möglich gewesen. So kann auch für das SIK der eingangs aus den Epigrammen des Martial zitierte Satz seine Geltung haben (zu Deutsch: Wenn sich Mäzene einstellen, so werden, Flaccus, Vergile nicht ausbleiben [Maro ist der Beiname Vergils]). Gaius Maecenas förderte nicht nur die Dichtkunst, sondern die Kunst überhaupt, und die kunstbegeisterten Mäzene des SIK fördern im besonderen die Wissenschaft von der Kunst. Darum ist es angezeigt, dieser der Villa und ihren früheren und heutigen Bewohnern gewidmeten Schrift ein besonderes Wort des Dankes voranzustellen.
Zunächst gilt unser Dank den Behörden der Eidgenossenschaft, des Kantons Zürich und der Stadt Zürich. So hat der Bundesrat auf Antrag des Eidgenössischen Departements des Innern und unter Mitwirkung des Bundesamtes für Bildung und Wissenschaft unserem Bauvorhaben einen teuerungsindexierten Investitionsbeitrag nach Hochschulförderungsgesetz in der Höhe von 6,4 Millionen Franken zugesprochen. Das Bundesamt für Kultur trug an die Restaurierungskosten der als nationales Baudenkmal eingestuften Villa mit 694'000 Franken bei; auch dieser Beitrag ist teuerungsindexiert. Der Regierungsrat des Kantons Zürich leistete auf Antrag der Erziehungsdirektion an die Renovation der Villa und des Nebengebäudes einen Beitrag aus dem Lotteriefonds von 4 Millionen Franken.
Die Gründe für unsere Dankespflicht gegenüber der Stadt Zürich könnten vielfältiger nicht sein. Sie alle hier aufzuzählen, würde den Rahmen eines Vorwortes weit sprengen. Doch verdient bereits hier hervorgehoben zu werden, dass das SIK beim Abschluss des Baurechtsvertrages in der Stadt Zürich eine verständige und grosszügige Vertragspartnerin gefunden hat. Darüber hinaus wurde unser Vorhaben durch die verschiedensten Instanzen der Stadt gefördert und unterstützt. Stellvertretend für alle richten wir hier unseren Dank an das Städtische Parlament, den Gemeinderat, den heutigen Stadtpräsidenten, Herrn Josef Estermann, seinen Vorgänger, Herrn Dr. Thomas Wagner, sowie den Gesamtstadtrat.
Doch nicht nur der Staat, das heisst die Eidgenossenschaft, der Kanton Zürich und die Stadt Zürich haben das Vorhaben Villa Bleuler als grosszügige Mäzene gefördert, sondern auch viele private Institutionen und Persönlichkeiten haben es ihnen gleichgetan. Sie werden nachfolgend im einzelnen aufgeführt, und sie erhalten ferner einen Platz auf der Tafel mit den Donatorennamen im Entrée der Villa. Ihnen allen sei hier der verbindliche Dank für ihre Generosität abgestattet.
Vier Persönlichkeiten beziehungsweise Institutionen haben das Vorhaben Villa Bleuler in alles übertreffender Grosszügigkeit unterstützt. Ihnen sei ein ganz besonderer und herzlicher Dank ausgesprochen. Ich darf Frau Adda Schmidheiny aus Heerbrugg, die langjährige Freundin und Mäzenin des Instituts und Angehörige des SIK-Vorstandes, zuallererst erwähnen, sodann die Binding-Stiftung, den Stifter, Herrn Dr. Karl Binding, und den Präsidenten des Stiftungsrates, Herrn Dr. David Linder, sowie die Genossenschaft zum Baugarten Zürich, ihren Präsidenten, Herrn Dr. Walter Diener, ihren Vizepräsidenten, Herrn Dr. Konrad Ulrich, und ihren Direktor, Herrn Dr. Robert Reinshagen. Schliesslich hat die Schweizerische Bankgesellschaft das SIK in dreifa-

cher Weise bedacht, nämlich in Form je eines grosszügigen Beitrages der Bank und der Jubiläumsstiftung der SBG sowie durch eine Spende eines ungenannt sein wollenden Kunden der Bank. Persönlich gilt der Dank in erster Linie Herrn Dr. Robert Holzach, dem Ehrenpräsidenten der Schweizerischen Bankgesellschaft und Präsidenten der Jubiläumsstiftung, sowie dem früheren Quästor des Vereins SIK, Herrn Direktor Albert O. Bosshard und Frau Vizedirektorin Dr. Verena Marty.
Bedeutende Donatoren waren überdies: die Zürcher Kantonalbank, die Zuger Kulturstiftung Landis&Gyr, die Schweizerische Kreditanstalt, Zürich, die C.W. Schnyder-Stiftung, Küsnacht, Herr Max Kohler, Zürich, die Bindella Unternehmungen, Zürich, der Schweizerische Bankverein, der Migros Genossenschafts-Bund, Zürich, die Ernst Göhner-Stiftung, Zug, sowie Locher & Cie AG, Bauingenieure und Bauunternehmer, Zürich.
Für weitere wertvolle Spenden danken wir: der Bank Leu, Zürich, der Bank für Handel und Effekten, Zürich, der Schweizerischen Mobiliar-Versicherungsgesellschaft, Bern, der Schweizerischen National Versicherungs-Gesellschaft, Basel, der Ticino Vita, Breganzona, den Firmen Sulzer Infra, Zürich, und Knuchel und Kahl, Zürich, sowie Herrn Theo Schaub, Malermeister, Zürich, und Herrn Ulrich Straub, Zug.
Ausser den Spendern hat eine fast unübersehbare Zahl von Menschen und Institutionen zum Gelingen des Vorhabens Villa Bleuler beigetragen. Ihr Wirken kann am besten anhand einer kurzen Chronologie des Projekts geschildert werden. Allen, die nachfolgend erwähnt werden, aber ebenso auch allen denjenigen, die unvermeidlicherweise ungenannt bleiben müssen, gilt der grosse Dank des Stiftungsrates und der Institutsleitung.
Das Projekt Villa Bleuler gehört zu jenen Vorhaben, die lange währen und endlich gut werden. In der Projektgeschichte, die bis ins Jahr 1986 zurückreicht, gab es auch Momente, da um das gute Gelingen gebangt werden musste. 1986 wurden dem SIK die seit 1976 gemieteten Räumlichkeiten an der Waldmannstrasse 6/8 in Zürich infolge Handänderung einer der beiden Liegenschaften gekündigt. Ein dem SIK eingeräumtes Vorkaufsrecht ermöglichte den Verbleib bis Ende 1994. Aus Zürcher Denkmalpflegerkreisen kam der Hinweis auf die Villa Bleuler, wofür wir insbesondere Herrn Andreas Pfleghard, Denkmalpfleger des Kantons Zürich, Herrn Dieter Nievergelt, Denkmalpfleger der Stadt Zürich, und Frau Sybille Heusser, Leiterin des Inventars der schützenswerten Ortsbilder der Schweiz (ISOS), zu danken haben. Frau Heusser fertigte später eine für die Inangriffnahme des Projektes ausschlaggebende Machbarkeitsstudie an. Der Vorstand des damaligen Trägervereins des SIK unter dem Präsidium von Herrn alt Staatssekretär Dr. Raymond Probst setzte eine vom Verfasser dieses Vorwortes geleitete Baukommission mit den Herren Prof. Paul Meyer-Meierling, Dr. Roman Hollenstein und Dr. Albert Leschhorn ein und bezeichnete den damaligen Co-Direktor, Herrn Dr. Hans-Jörg Heusser, als Projektleiter. In dieser Eigenschaft fiel ihm die Hauptverantwortung für das gute Gelingen des alles andere als einfachen Bau- und Umzugsvorhabens zu, was hier mit einem herzlichen Dank festgehalten zu werden verdient.
Herr Dr. Hans A. Lüthy, der frühere Direktor des SIK, hat Herrn Dr. Heusser mit seinen vielfältigen Kontakten beim Fundraising tatkräftig unterstützt und wesentlich dazu beigetragen, dass die im Finanzierungsplan vorgesehene hohe Summe nicht nur erreicht, sondern erheblich übertroffen werden konnte. Auch ihm sei an dieser Stelle herzlich gedankt.

Zu danken ist auch einer Reihe von weiteren Persönlichkeiten, die sich bei der Fundraising-Kampagne für das SIK eingesetzt haben; erwähnt seien hier Frau Lucie Burckhardt, Herr Albert O. Bosshard, Herr Dr. Peter Gnos, Herr Heinz Hertach, Herr Dr. Hans-Rudolf Staiger und Herr Max Kohler.
Mit der Ausführung des Projektes wurde die Architektengemeinschaft ARCOOP: Ueli Marbach und Arthur Rüegg, Zürich, sowie Klaus Dolder, Hinwil, verpflichtet. Nicht nur die dauernd konstruktive Zusammenarbeit mit diesem Architektenteam, sondern vor allem das überzeugende Projektergebnis belegen die Richtigkeit der Wahl. Das verdient ein besonders nachdrückliches Dankeswort.
Ausdrücklich danken möchte ich dem bauleitenden Architekten, Klaus Dolder, und den Mitarbeitern, Frau Monika Stöckli und Herrn Thomas von Ballmoos, für den grossen Einsatz, den sie im Hinblick auf die termingerechte Abwicklung des ausserordentlich anspruchsvollen und komplizierten Bauvorhabens geleistet haben. Dass wir die Kontrolle über Bauprozess und Zahlungswesen nicht verloren, verdanken wir in erster Linie dem von uns beauftragten Bautreuhänder Peter Forrer, der auch in der Baukommission mitwirkte.
Von grösster Bedeutung war in unserem Bauvorhaben natürlich die Rolle der Denkmalpflege. Der Denkmalpfleger des Kantons Zürich, Herr dipl. Arch. ETH Andreas Pfleghard, der mit dem Projekt beauftragte Mitarbeiter der Städtischen Denkmalpflege, Herr dipl. Arch. ETH Andreas Jung, sowie der Experte der Eidgenössischen Kommission für Denkmalpflege, Herr Dr. Martin Fröhlich, waren uns bei den schwierigen Renovations- und Restaurierungsproblemen, die sich im Villengebäude ergaben, freundschaftliche und unentbehrliche Berater. Gedankt sei an dieser Stelle auch dem Präsidenten der Eidgenössischen Kommission für Denkmalpflege, Herrn Dr. André Meier, und den Herren Sektionschefs vom Bundesamt für Kultur, Dr. Cäsar Menz und Johann Mürner.
In den Dank einzuschliessen sind die an der – aus Kostengründen nur in eingeschränkter Form erfolgten – Restaurierung des Parkes Beteiligten, nämlich der Direktor des Zürcher Gartenbauamtes, Herr Peter Stünzi, der frühere Gartendenkmalpfleger, Herr Walter Frischknecht, und seine Nachfolgerin, Frau Judith Rohrer-Amberg, sowie der mit der eigentlichen Wiederherstellung des Parks beauftragte Landschaftsarchitekt, Herr Guido Hager.
Dank gebührt dem Zürcher Stadtrat ferner für die im Dezember 1988 erteilte Baubewilligung. Die damit verbundenen 77 Auflagen konnten ohne wesentliche Beeinträchtigung der gestalterischen Idee der Architekten erfüllt werden. Zu danken ist insbesondere der Stadtzürcherischen Vereinigung für Heimatschutz, dem Schweizerischen Bund für Naturschutz und dem Quartierverein Riesbach, mit deren Unterstützung im Bewilligungsverfahren gerechnet werden konnte. Nicht unerwähnt bleiben soll in diesem Zusammenhang die Stimmrechtsbeschwerde einer Einzelperson, die den geplanten Baubeginn verhinderte und nur wenige Tage vor Ablauf der Baubewilligung vom Regierungsrat in zweiter Instanz abgewiesen wurde.
Dem Verfasser dieses Vorwortes sei es erlaubt, an dieser Stelle der letzten Bewohnerin der Villa an der Zollikerstrasse 32, seiner Grosstante Annie Abegg-Stockar, zu gedenken. Wenn immer er diese Villa betritt und betreten wird, dann begegnet ihm diese unvergessliche letzte Dame des Hauses als erste.
Nun hat das SIK in einer prachtvollen Villa in einem herrlichen Park ein neues Heim gefunden. Seine der Kunst dienenden Arbeitsstätten könnten sinnvoller kaum aufge-

hoben sein. Da kann Kunstwissenschaft nur gedeihen. Für die verantwortlichen Organe wie für die Mitarbeiterinnen und Mitarbeiter des SIK bedeutet diese Heimstatt eine Verpflichtung. Ihr durch ausgezeichnete Arbeit zu genügen, ist der glaubwürdigste Dank an alle Gönner, Freunde und Helfer des SIK.

Dr. Johannes F. Fulda,
Präsident der Stiftung Schweizerisches
Institut für Kunstwissenschaft

Postskriptum

Im Namen des Stiftungsrates, der Institutsleitung und des Vereins zur Förderung des Schweizerischen Instituts für Kunstwissenschaft danke ich demjenigen, der hier allen anderen gedankt hat: Herrn Dr. Johannes Fulda. Als Präsident der Baukommission hat der heutige Präsident des Stiftungsrates das grosse und langwierige Projekt Villa Bleuler entscheidend mitgestaltet und mitgetragen. Mit tatkräftigem Einsatz, kluger Diplomatie und bewundernswerter Unbeirrbarkeit hat Herr Dr. Fulda zusammen mit dem Projektleiter alle Hindernisse und Schwierigkeiten überwunden, die der Verwirklichung des Bauvorhabens im Wege standen. Es ist zu einem wesentlichen Teil sein Verdienst, dass das Projekt zu einem glücklichen Abschluss kam und das SIK heute – und für die nächsten sechzig Jahre – in den wundervollen und bestens eingerichteten Räumlichkeiten der Villa Bleuler installiert ist.

Dr. Hans-Peter Schär
Präsident des Vereins zur Förderung des SIK

Das Schweizerische Institut für Kunstwissenschaft in der Villa Bleuler

Hans-Jörg Heusser

Oblicht vor Villeneingang. Ein architektonisches Zeichen verweist auf den unterirdischen Neubau der Bibliothek.

Das Schweizerische Institut für Kunstwissenschaft (SIK) ist ein kunsthistorisches und kunsttechnologisches Forschungs- und Dokumentationszentrum mit Schwerpunkt Kunst in der Schweiz. Das 1951 von einigen Persönlichkeiten um den Zürcher Kunsthistoriker Marcel Fischer gegründete Institut wurde jahrzehntelang von einem politisch und konfessionell unabhängigen und neutralen Verein getragen. Dieser vermochte jedoch das sich nach 1962 unter der initiativen Leitung von Hans A. Lüthy rasch entwickelnde Institut je länger desto weniger aus eigener Kraft zu finanzieren.
1981 wurde das SIK vom Bundesrat gemäss den Bestimmungen des Hochschulförderungsgesetzes als unabhängiges Hochschulinstitut anerkannt. Seither erhält es namhafte Bundesbeiträge. 1987 konnte in der Universität Lausanne in Dorigny eine Aussenstelle, die 'Antenne romande', eröffnet werden; sie brachte eine erhebliche Intensivierung der Zusammenarbeit mit der Romandie und verstärkte den gesamtschweizerischen Charakter des Instituts. 1992 wurde das SIK durch Parlamentsbeschluss unter das Forschungsgesetz gestellt und hat seither den Status eines gesamtschweizerischen Forschungsinstituts. Bedeutende Betriebsbeiträge erhält es auch vom Kanton Zürich und der Stadt Zürich und wird überdies von weiteren Kantonen und Gemeinden finanziell unterstützt. Im Verlaufe des Jahres 1992 brachte der bisherige Trägerverein das Institut in die neugegründete 'Stiftung Schweizerisches Institut für Kunstwissenschaft' ein und wandelte sich selbst in den 'Verein zur Förderung des Schweizerischen Instituts für Kunstwissenschaft' um. Im Stiftungsrat haben je ein Delegierter des Kantons Zürich und der Stadt Zürich Einsitz. Der Bund entsendet einen Beobachter zu den Stiftungsratssitzungen.
Ab 1976 war das SIK in den Gebäulichkeiten einer alten Hutfabrik an der Waldmannstrasse 6/8 im Zürcher Kreis 1 eingemietet. 1986 wurde die eine dieser Liegenschaften verkauft, und das SIK erhielt die Kündigung. Verhandlungen führten jedoch dazu, dass dem Institut eine Verlängerung des Mietverhältnisses bis spätestens Ende 1994 gewährt wurde. In dieser Situation erhielt die Institutsleitung aus Denkmalpflegekreisen den freundlichen Hinweis auf die Villa Bleuler an der Zollikerstrasse 32 im Quartier Riesbach.
Die Villa, eines der bedeutendsten Beispiele historistischer Villenarchitektur in der Schweiz, samt Nebengebäude und umfänglich erhaltenem Park, wurde 1971 vom Zürcher Stadtrat unter Schutz gestellt und anschliessend käuflich erworben. Die Stadt wollte die historischen Liegenschaften jedoch nicht selber nutzen, sondern suchte nach einem geeigneten Interessenten, der bereit war, sie im Baurecht zu übernehmen und die strengen denkmalpflegerischen Auflagen zu erfüllen. Für das SIK bot sich die Möglichkeit, seine Standortfrage in idealer und dauerhafter Weise zu lösen und gleichzeitig zur Erhaltung eines nationalen Baudenkmals beizutragen. Der von alt Staatssekretär Dr. Raymond Probst präsidierte Vorstand des SIK liess sich von dem Vorhaben überzeugen; allerdings unter dem Vorbehalt, dass die Finanzierung gesichert werden könnte. Das SIK bewarb sich und erhielt den stadträtlichen Segen; Ende 1987 wurde ihm vom Stadtrat die Villa mitsamt dem Nebengebäude im Baurecht angeboten.
Das SIK bestimmte den Schreibenden zum Projektleiter und setzte eine Baukommission unter der Leitung des damaligen Geschäftsausschuss-Mitglieds und heutigen Stiftungsratspräsidenten Dr. Johannes Fulda ein. In der ersten Hälfte des Jahres 1988 arbeiteten die Architekten Prof. Arthur Rüegg und Klaus Dolder im Auftrag des SIK ein Renovations- und Erweiterungsprojekt aus, dem der Stadtrat noch im gleichen

Jahr die Baubewilligung erteilte. Am 21. Februar 1990 genehmigte der Zürcher Gemeinderat einstimmig den Baurechtsvertrag mit dem SIK. Der auf eine Dauer von 62 Jahren abgeschlossene Vertrag sieht vor, dass die Villa und das Nebengebäude zusammen mit einer dazugehörigen besonders bezeichneten Grundstückparzelle bei Baurechtsbeginn in das Eigentum des SIK übergehen. Die Stadt Zürich hat zu den Parkanlagen ein Recht auf Benützung zugunsten der Öffentlichkeit und kommt für den Unterhalt des Parks auf. Die Zusicherung bedeutender Beiträge durch den Bund (gemäss Hochschulförderungsgesetz), den Kanton Zürich und die Stadt Zürich und der erfolgreiche Start der Fundraising-Kampagne erlaubten es dem SIK, mit dem Bau – nach einer beschwerdebedingten Verzögerung – im Januar 1991 zu beginnen. Im September 1993 konnte das Institut in den neuen Räumlichkeiten an der Zollikerstrasse Einzug halten.
Das mit den Architekten zusammen entwickelte Raumkonzept wird vor allem bestimmt durch den Respekt und die Wertschätzung für die bedeutende historische Architektur und die mit ihr entstandene Gartenanlage. Gemäss diesem Konzept wurden alle Funktionen, die sich in den bestehenden Räumen nicht zwanglos und ohne gewaltsame Veränderungen unterbringen liessen, in zwei Neubaukomplexe ausgelagert. Dank dieser Konzeption war es möglich, sowohl die Villa als auch das Nebengebäude der neuen Nutzung zuzuführen, ohne den Gebäudecharakter und die Bausubstanz über Gebühr zu beeinträchtigen; auch Struktur und Eigenart des Gartens blieben weitgehend unangetastet.

NUTZUNG DES VILLENGEBÄUDES

Im Villengebäude sind die Direktion mit ihrem Stab, die Abteilung 'Kunstwissenschaft', Teile der Abteilung 'Bibliothek und Archive' sowie Sitzungs- und Seminarräume untergebracht.
Das Dachgeschoss beherbergt die Abteilung 'Kunstwissenschaft'. Sie ist für die SIK-Publikationen sowie für Forschungs- und Ausstellungsprojekte zuständig und benötigt im wesentlichen PC-Arbeitsplätze und Büros. Die ehemaligen Dienstbotenzimmer und ein sehr schöner Billardraum mit Jugendstildecke und Ausblick auf den See wurden in stimmungsvolle 'Klausen' für die wissenschaftlichen Mitarbeiterinnen und Mitarbeiter umgewandelt. Aus den beiden Estrichräumen entstanden ansprechende Grossbüros: Das eine bietet Arbeitsplätze für 'guest scholars' sowie Projektmitarbeiterinnen und -mitarbeiter, das andere dient als Layout-Raum für die Redaktion.
Das SIK verfügt über eine qualifizierte Equipe von Redaktorinnen und Redaktoren, die vom Lektorat über die Redaktion bis zu Satz, Layout, Buchgestaltung und Druckbegleitung alle Herstellungsphasen eines Buches kompetent zu betreuen vermögen. In seiner 43jährigen Geschichte hat das Institut weit über hundert Buchpublikationen herausgegeben. Seine wichtigste und bekannteste Reihe sind die «Œuvrekataloge Schweizer Künstler»; jede dieser Publikationen ist das Werk jahrelanger Forschungsarbeit. Bisher erschienen sind die Werkkataloge von Johann Heinrich Füssli, Daniel Lindtmayer, Joseph Werner, Louis Soutter, Walter Kurt Wiemken, Arnold Böcklin, Caspar Wolf, Samuel Hofmann, Albert Müller, Max von Moos, Otto Morach, Hans Brühlmann, René Auberjonois und Adolf Dietrich.
In engem Zusammenhang mit der Inventarisierung des schweizerischen Kunstguts und dem entsprechenden SIK-Archiv steht die Reihe «Kataloge Schweizer Museen und Sammlungen». Ein weiteres editorisches Grossunternehmen des Instituts ist die

Zur Abteilung 'Kunstwissenschaft', die im Dachgeschoss untergebracht ist, gehört die Redaktion. Das SIK gibt wissenschaftliche und populärwissenschaftliche Publikationen vorwiegend zur Kunstgeschichte der Schweiz heraus.
Desk Top Publishing-Anlage.

im Auftrag der Banque Paribas Suisse und in Zusammenarbeit mit dem jeweiligen Museum herausgegebene populäre Reihe «Museen der Schweiz». Jeder Band erscheint in drei bis vier Sprachen.

Eine wichtige Aktivität des SIK ist die Produktion kunst- und kulturhistorischer Ausstellungen mit wissenschaftlichem oder didaktischem Anspruch. In der Regel sollen die Ausstellungen des SIK aus einem Forschungsvorhaben hervorgehen oder einem grösseren Publikum Forschungsergebnisse bekanntmachen. Da es nicht über eigene Ausstellungsräumlichkeiten verfügt, arbeitet das Institut mit Kunstmuseen des In- und Auslands zusammen. Die neuesten Ausstellungen des SIK sind «Regards sur Amour et Psyché à l'âge néoclassique»/«Ein Blick auf Amor und Psyche um 1800» (Carouge und Zürich) und eine Retrospektive Ferdinand Hodler, die in Cincinnati, New York, Toronto und Hartford gezeigt wird.

Das Obergeschoss wurde für die Direktion und ihren Stab eingerichtet. Die um einen mit einer Glaskuppel überdachten Innenraum angeordneten ehemaligen Wohn- und Schlafräume wurden ohne jede Veränderung der Raumaufteilung und ohne Eingriffe in die Bausubstanz in Büros umgewandelt. Hier fanden die zwei Direktionsräume, zwei Sekretariatsbüros, die Buchhaltung, die Assistenz, ein Kopierraum und ein kleines Sitzungszimmer ihren Platz.

Das Erdgeschoss mit seinen prächtigen historistischen Repräsentationsräumen wurde sehr zurückhaltend behandelt. Der herrschaftliche Salon und das geräumige Speisezimmer sind durch sorgfältige Restaurierung in ihrer alten Pracht wiederhergestellt und einzig durch die Möblierung mit grossen Konferenztischen einer neuen Nutzung zugeführt worden. Sie bieten einen idealen Rahmen für das SIK als 'Wissenschaftsforum': Hier können Tagungen, Kolloquien und Seminare stattfinden. Diese repräsentativen Räume – ursprünglich für den Empfang von Gästen gedacht – eignen sich überdies hervorragend für gesellschaftliche Aktivitäten. Das Institut organisiert hier für die Mitglieder des 'Vereins zur Förderung des SIK' laufend Veranstaltungen. Besonders beliebt sind die kunsthistorischen Vorträge mit anschliessendem kleinem Empfang für den Referenten und alle Teilnehmer.

Das Kellergeschoss mit seinen beiden geräumigen Gewölben auf der Bergseite und Tageslichträumen im Sockel gegen die Feldeggstrasse hin wurde zum Domizil eines Teils der Abteilung 'Bibliothek und Archive'. In den Gewölben, ehemals Weinkeller, Speicherraum und Heizung, fanden das Fotoarchiv zur Kunst in der Schweiz und die Archive der Dokumentation ihren Platz.

Die wichtigsten Publikationsreihen des SIK sind «Œuvrekataloge Schweizer Künstler» und «Kataloge Schweizer Museen und Sammlungen». Grosse Verbreitung findet die von der Banque Paribas Suisse gesponserte Reihe «Museen der Schweiz». Ausstellungen des SIK von 1994: «Ein Blick auf Amor und Psyche um 1800» im Kunsthaus Zürich und «Ferdinand Hodler – Views & Visions» im Cincinnati Art Museum.

Das SIK versteht sich als zentrale kunsthistorische und kunsttechnologische Dokumentationsstelle für das schweizerische Kunstschaffen. Es dokumentiert das mobile Kunstgut der Schweiz (Bilder/Skulpturen etc.), die einzelnen Künstlerinnen und Künstler, das schweizerische Kunstleben und die künstlerischen Techniken respektive Schadenbilder. Es betreibt eine öffentliche Bibliothek mit heute über 83'000 Bänden sowie verschiedene Archive und Datenbanken; die 'Datenbank Schweizer KünstlerInnen' (SIKART) umfasst zur Zeit rund 12'000 Namen.

Die Inventarisationstätigkeit des SIK führte zu einem Archiv, das zum jetzigen Zeitpunkt etwa 70'000 schweizerische oder in der Schweiz befindliche Kunstwerke dokumentiert und jährlich um rund 3'000 Nummern weiterwächst. Dieses mit Abstand bedeutendste Fotoarchiv zur schweizerischen Malerei und Plastik der Neuzeit wird gegenwärtig informatisiert.

NEUBAUTEN UND NEBENGEBÄUDE

Nutzungen, die speziell dimensionierte und eingerichtete Räumlichkeiten erfordern, wurden in zwei Neubautrakten untergebracht. Solche Nutzungen sind die Bibliothek, das Restaurierungsatelier, die kunsttechnologischen Untersuchungs- und Werkstatträume, das Chemielabor, das Fotoatelier, das Fotolabor und das Bilderdepot.

Der Bibliothekstrakt ist ein doppelstöckiger, unterirdischer Baukomplex unter dem Rasenrondell der Vorfahrt. Er enthält den Lesesaal, die Büchermagazine und die Arbeitsräume des Bibliothekspersonals. Eine Treppe führt in die Eingangshalle der Villa. Ausserdem besteht ein direkter Zugang zu den Archivräumen im Kellergeschoss. Ein unterirdischer Gang verbindet Villa, Bibliothekstrakt (Notausgang) und Ateliertrakt.

Die Bibliothek mit Schwerpunkt Kunstgeschichte der Schweiz vom ausgehenden Mittelalter bis heute sammelt alle Neuerscheinungen zur schweizerischen Kunst und zur Kunstgeschichte des Landes sowie eine grosse Zahl von Publikationen, die den internationalen Kontext des schweizerischen Kunstgeschehens beleuchten. Angeschafft werden auch sämtliche Werkkataloge schweizerischer und internationaler Künstler sowie alle Sammlungskataloge in- und ausländischer Museen. Die Bibliothek dient in erster Linie Forschungszwecken und ist daher eine Präsenzbibliothek, die jedoch jedem Interessierten unentgeltlich zur Verfügung steht.

Der Ateliertrakt befindet sich auf dem Niveau der Feldeggstrasse und besitzt einen Anlieferungseingang, der die Aufnahme grossformatiger Kunstwerke erlaubt. Er ist durch einen unterirdischen Gang mit dem Villengebäude verbunden und beherbergt das Restaurierungsatelier mit Werkstatt- und Untersuchungsräumen, das Fotoatelier und ein doppelstöckiges gesichertes Bilderdepot.

Das Restaurierungsatelier, die Werkstatt und die Untersuchungsräume wurden von den Architekten ganz nach den Wünschen und Bedürfnissen der Abteilung 'Kunsttechnologie' konzipiert; die Technologinnen und Technologen des SIK waren also in der glücklichen Lage, ihre Arbeitsstätte nach ihren Idealvorstellungen gestalten zu können. Das Resultat überzeugt: Die Abteilung ist heute, was Raumverhältnisse, apparative Ausrüstung und Sicherheit anbetrifft, hervorragend eingerichtet und bedeutend leistungsfähiger geworden, als sie es am alten Standort war.

Die Abteilung 'Kunsttechnologie' ist in fünf verschiedenen Aufgabenbereichen tätig; es sind dies kunsttechnologische Forschung, kunsttechnologische Abklärungen und Untersuchungen, Konservierung und Restaurierung von Gemälden und Holzskulpturen, die Betreuung von Ausstellungen und Sammlungen sowie Beratungen im Bereich der präventiven Konservierung.

Das Fotoatelier befindet sich unmittelbar neben dem Restaurierungsatelier. Es ist speziell für die Aufnahme von Kunstwerken konzipiert. Die grosszügig dimensionierten Platzverhältnisse und die Raumhöhe erlauben es, auch sehr grosse Formate zu fotografieren. Das Atelier ist durch hohe Spezialtüren sowohl mit dem Eingang zur Feldeggstrasse als auch mit dem zweistöckigen Bilderdepot verbunden.

Seit Jahrzehnten beschäftigt das Institut einen eigenen Fotografen und verfügt über ein eigenes Fotolabor. Hauptaufgabe dieser Stelle ist es, für das Fotoarchiv und die zahlreichen SIK-Publikationen Aufnahmen zu machen, die unseren hohen Qualitätsstandards genügen. Soweit Kapazität zur Verfügung steht, werden auch auswärtige Aufträge ausgeführt. Das geräumige Fotoatelier lässt sich bei Bedarf in einen Vortragssaal für rund hundert Personen verwandeln.

Ein in das Rasenrondell eingelassenes linsenförmiges Oblicht erhellt die 'Lesemulde' der Bibliothek.
In den Kellergewölben der Villa sind die umfangreichen Archive untergebracht.
Das Fotoatelier des SIK, das auch als Vortragssaal genutzt werden kann.

Das Nebengebäude gehört zur historischen Bausubstanz, stammt jedoch nicht aus der Bauzeit der Villa, sondern wurde erst 1912 errichtet. Es diente ursprünglich als Garage und Wohnhaus für den Gärtner und weitere Angestellte des Hauses. Das SIK hat die beiden Wohnungen in den oberen Stockwerken sanft renoviert; die eine wurde dem Hauswart zur Verfügung gestellt, die andere vermietet. Die ehemalige Garage im Erdgeschoss dient der Abteilung 'Kunsttechnologie'. In ihr wurden das Chemielabor, Büros für den Chemiker und den Abteilungsleiter sowie ein Archiv- und Sekretariatsraum untergebracht. Das Kellergeschoss nimmt das Fotolabor und die Heiz- und Lüftungszentrale auf. Das Nebengebäude ist mit dem Ateliertrakt durch eine lange Treppe verbunden.
Das SIK ist in der Villa Bleuler zur Informatisierung seines Bibliothekskatalogs und des Fotoarchivs übergegangen. Wie die Zürcher Zentralbibliothek und das Schweizerische Landesmuseum haben wir uns für den Anschluss an das ETHICS-System der ETH-Bibliothek entschieden.
In der Informatik hat das Institut am neuen Ort einen Technologiesprung gemacht; es verfügt in der Villa Bleuler nun über ein Netzwerk (Novell), das alle Arbeitsplätze untereinander verbindet. Dieses Netzwerk ist über eine leistungsfähige Verbindung an das Rechenzentrum der Universität Zürich angeschlossen, das wiederum über Internet international vernetzt ist. Es ist uns also möglich, von jedem PC aus weltweit mit Hunderten von wissenschaftlichen Institutionen zu kommunizieren. Internet wird in Zukunft auch den internationalen Zugriff auf unsere eigenen Datenbanken ermöglichen.

Der Arbeitsbereich der Dokumentation und die Computerzentrale im Untergeschoss der Villa.

Die Villa Bleuler, so wie sie sich nach Restaurierung, Umbau und Erweiterung präsentiert, ist für das SIK mehr als nur ein schönes Haus. Das Institut ist in ihr und dank ihr erheblich leistungsfähiger geworden und kann seine vielfältigen Aufgaben bedeutend besser erfüllen. Es wurde ein Raumprogramm realisiert, das gegenüber den früheren Räumlichkeiten an der Waldmannstrasse eine erhebliche Erweiterung brachte und unseren Anforderungen und Raumbedürfnissen für lange Zeit vollauf genügen wird. Auch die zum Teil veraltete apparative Ausrüstung konnte auf den neuesten Stand gebracht werden. Die Einrichtung in der historischen Villa Bleuler war gewiss ein Tribut an die Vergangenheit, aber auch eine kraftvolle Investition in die Zukunft des Instituts.

WIRKUNGSSTÄTTE MIT AUSSTRAHLUNG

Die Villa Bleuler ist eine architektur- und sozialhistorische Sehenswürdigkeit, welche zahlreiche und ganz unterschiedliche Leute anzieht und anspricht. Als Werk des Historismus zeugt sie nicht nur für den eklektizistischen Stil ihrer Entstehungszeit, sondern erteilt darüber hinaus durch viele Zitate und Referenzen stilgeschichtlichen Anschauungsunterricht. Sie erinnert an Bauten der italienischen Renaissance – insbesondere des 16. Jahrhunderts –, und doch lässt sich kein konkretes Vorbild benennen. In ihrer komplexen und zugleich harmonisch wirkenden Asymmetrie ist sie, von aussen gesehen, weit mehr eine Erfindung Bluntschlis aus dem Geiste seines Lehrers und Meisters Gottfried Semper als eine Nachahmung. In der Innendekoration stossen wir – um nur einige Hauptelemente anzuführen – auf ein buntes Gemisch aus nördlicher und italienischer Manier, aus Renaissance und Rokoko, Second Empire und Pompejanismus. Anachronistischerweise finden wir auch verschiedene Jugendstilelemente. Diese stammen von einer ersten Renovation des Hauses zu Beginn des Jahrhunderts. Sie fügen sich aus heutiger Sicht ganz selbstverständlich ins historistische Konzept Bluntschlis ein. Diesem ursprünglichen und sekundären Stileklektizismus des Monuments haben die Architekten Prof. Arthur Rüegg und Klaus Dolder mit ihrem Konzept des «Weiterbauens» in kongenialer Weise Rechnung getragen. Den vorgefundenen Stilelementen, welche die Entwicklung der Architektur bis zur Jahrhundertwende evozieren, haben sie eine modernistische Ergänzung und Erweiterung hinzugefügt, und zwar sowohl durch ihre eigene, spätmoderne Architektursprache als auch durch intertextuelle Bezugnahmen auf Werke modernistischer Meister; als gebildete Architekten der Postmoderne haben sie das Werk eines 'architecte savant' der Prämoderne weitergebaut. Bei allen Verschiedenheiten zeigen sich zwischen dem Architekten der Villa Bleuler und seinen 'Nachfolgern' Gemeinsamkeiten; es verbindet sie zum Beispiel die engagierte und weltoffene Teilhabe an der internationalen Architektur und ihrer Entwicklung, die kunsthistorische Gelehrsamkeit sowie Kunstsinn und Qualitätsgefühl. All dies hat in der Villa Bleuler und auch in ihren Erweiterungsbauten augenfälligen Ausdruck gefunden und lässt die Gebäude, das alte und die neuen, auch von ihrer ästhetischen Wirkung her als ideale Arbeitsstätte für unser Institut erscheinen. Die Architektur zeigt an, worum es uns geht und wes Geistes wir sind. Sie leistet für das SIK eine unaufdringliche, aber – wie die bisherige Erfahrung beweist – höchst wirkungsvolle Öffentlichkeitsarbeit.

Das Nebengebäude der Villa aus dem Jahr 1912.

Die ehemaligen Repräsentationsräume im Erdgeschoss bieten einen stilvollen Rahmen für wissenschaftliche Veranstaltungen des Instituts und die gesellschaftlichen Anlässe des 'Vereins zur Förderung des SIK'.

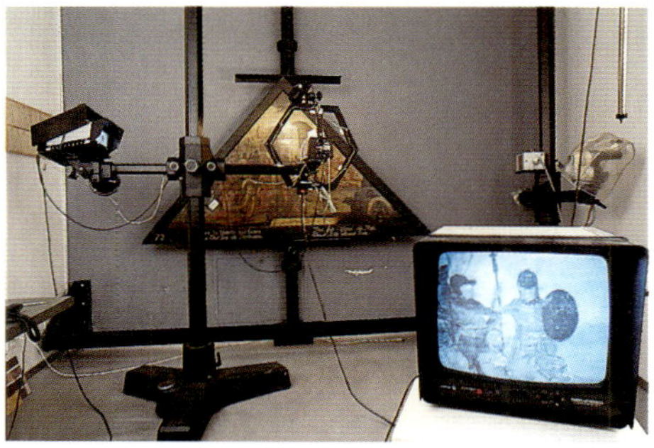

Das Restaurierungsatelier: Forschung und Praxis in ständigem Austausch.
Eine der beschädigten Bildtafeln der Luzerner Kapellbrücke. Unmittelbar nach dem Brand wurde das SIK beauftragt, eine Schadensanalyse zu erstellen und ein Konservierungs- respektive Restaurierungskonzept zu entwerfen.

Zur Geschichte der Villa Bleuler und ihrer Besitzer

Die folgenden zwei Beiträge versuchen, die wichtigen ersten drei Jahrzehnte in der Geschichte der Villa Bleuler und ihrer Bewohner nachzuzeichnen. Sie rücken die Zeit des Erbauers Hermann Bleuler und seiner Familie an der Zollikerstrasse in den Mittelpunkt der Betrachtung sowie die ersten zwanzig Jahre des nachfolgenden Besitzers Carl Abegg-Stockar und seiner Familie. Die Begrenzung ergab sich aus dem Ende der Ganzjahresnutzung der Villa im Jahr 1919.
Nicht nur die unterschiedliche Autorschaft hatte zwei anders gelagerte Beiträge zur Folge: Beide Texte waren in dieser Form nur dank privater, unveröffentlichter Quellen aus den Familienarchiven möglich; der Beitrag zur Familie Bleuler basiert ausschliesslich auf schriftlichem Material, die Informationen über die Abeggs beruhen hingegen grösstenteils auf persönlichen Gesprächen. Entsprechend persönlich und detailbezogen wurde denn auch dieser Blickwinkel, während im Bleulerschen Teil die Aufarbeitung von Fakten zur Entstehungsgeschichte und zum Verkauf der Villa im Vordergrund standen.

Die Familie Bleuler

Claudio Rotter

Das Gut «zur Vogelhütte» an der alten Landstrasse (heute Zollikerstrasse) in Riesbach; vorne links das Parkareal der Villa Bleuler.

Das Geschlecht der Bleuler von Hirslanden und Riesbach blickt auf eine traditionsreiche Geschichte in Zürich zurück. Bereits 1385 wird ein Heini Blüweler auf Oberrüti zwischen Hottingen und Hirslanden erwähnt. Bis hin zu Johann Caspar Bleuler (1801–1882) lässt sich der Stamm der familiengeschichtlichen Hauptlinie nahtlos zurückverfolgen.
Johann Caspar Bleuler scheint unternehmungslustig und kaufmännisch versiert gewesen zu sein. Auf häufigen Reisen ins Ausland bildete er sich weiter und sammelte reiche Erfahrungen. 1835 heiratete er Regula-Sophie Arter von Hottingen. Ein Jahr später bezog das junge Paar das von Johann Bleulers Vater erworbene Gut am Klosbach (gegenüber dem heutigen «Artergut») und nannte es «zur Eidmatte». Zusammen mit seinem Schwager Salomon Arter übernahm Bleuler die mechanische Seidenzwirnerei «an der oberen Brücke im Riesbach». Es folgten verschiedene Land- und Wasserrechtskäufe, was den beiden vorübergehend einen beträchtlichen Gewinn bescherte. In den sechziger Jahren des 19. Jahrhunderts sah sich Johann Bleuler allerdings gezwungen, grössere Summen aufzunehmen und letztlich auch Land und Wohnbauten zu verkaufen.
Am 22. November 1837 kam Hermann Bleuler zur Welt, als ältestes von sieben Geschwistern. Er beendete das Studium des Maschineningenieurs als einer der ersten am Eidgenössischen Polytechnikum in Zürich. Sein Interesse galt zunächst ganz dem Militär: 1862 übernahm er die Leitung des eidgenössischen Artilleriebureaus, wurde 1870 Oberinstruktor der Artillerie, war 1871 – vierunddreissigjährig – bereits Oberst im Artilleriestab und wurde schliesslich Kommandant des dritten Armeekorps. Zudem amtete er als Mitglied der Landesverteidigungskommission.[1]

DIE FAMILIE HUBER-ZUNDEL

Nicht weit entfernt von der «Eidmatte» wuchsen ab 1845 auf dem Gut «zur Vogelhütte»[2] an der Zollikerstrasse die Geschwister Peter Emil und Emma-Dorothea Huber auf. Ihr Vater, Johann Rudolf Huber, entstammte einer alteingesessenen Zürcher Familie, welche über einen grossen Immobilienbesitz im damaligen Hottingen verfügte. Dieser hatte von seinem Vater die Seidenfabrik Huber-Rordorf übernommen. Die Mutter der Geschwister, Emilie Huber-Zundel, stammte aus einer Arztfamilie und

Emma-Dorothea und Hermann Bleuler-Huber.

legte bereits zu jener Zeit grossen Wert auf gesunde Ernährung, viel Bewegung und «kalte Bäder».[3]

Im Hause Huber-Zundel wurde das gesellschaftliche Leben gepflegt, ohne auf die typisch zürcherische Zurückhaltung und Masshaltung zu verzichten. So verkehrten in den fünfziger und sechziger Jahren zahlreiche Gelehrte und Künstler im Huberschen Haus, darunter Richard Wagner und sein Förderer, Regierungsrat Eduard Sulzer, Theodor Fischer, Professor für Ästhetik am Polytechnikum, der Maler Ernst Stückelberg wie auch Otto und Mathilde Wesendonck, die Besitzer der gleichnamigen Villa von Leonhard Zeugheer, des heutigen Rietbergmuseums.[4]

Hermann Bleuler und Peter Emil Huber studierten zusammen am Polytechnikum und blieben auch befreundet, als Peter Emil Huber vorübergehend ins Ausland zog. Dem engen Kontakt der beiden «intimsten Freunde»[5] ist es wohl zuzuschreiben, dass sich Hubers Schwester Emma-Dorothea zugunsten des damaligen Oberinstruktors der Artillerie Hermann Bleuler entschied; nach der Verlobung vom 13. Januar 1873 fand am 2. September desselben Jahres die Hochzeit statt.[6] Das erste gemeinsame Heim des jungen Paars war die «Vogelhütte», welche es zusammen mit der Mutter der Ehefrau, Emilie Huber-Zundel, bewohnte[7] und wo am 25. Mai 1875 der einzige Sohn Walter zur Welt kam.

Walter Bleuler zur Zeit des Umzuges der Familie von der «Vogelhütte» in die Villa Bleuler.

Neben seiner umfangreichen Tätigkeit als Armeeführer blieb Hermann Bleuler auch weiterhin eng mit dem Polytechnikum verbunden. Als Mitglied der Gesellschaft der ehemaligen Polytechniker wurde er 1881 vom Bundesrat zum Mitglied des Schweizerischen Schulrats gewählt. 1883, nach dem Tod des Polytechnikum-Mitbegründers Alfred Escher, übernahm er das Amt des Vizepräsidenten und hatte schliesslich, von 1888 bis 1905, den Vorsitz des Schulrats inne. Diese neue Aufgabe zwang ihn, seine ohnehin knapp bemessene Zeit vermehrt für Fragen des modernen Bildungswesens aufzuwenden.[8] 1894 wollte sich Bleuler aus zeitlichen Gründen vom Kommando des dritten Armeekorps dispensieren lassen; mit dem Hinweis auf die notwendige Kohärenz in der Armee und seine bedeutende Stellung konnte er allerdings umgestimmt werden.[9]

Die Bleulers pflegten eine rege Gastfreundschaft, vor allem auch mit welschen, französischsprachigen Professoren und Militärs. Die Kontakte waren durch Hermann Bleuler entstanden, für die Betreuung war aber ebenso seine Gattin Emma-Dorothea Bleuler-Huber zuständig; sie wurde als Gastgeberin und versierte Gesprächspartnerin hochgeschätzt.[10]

In der Huberschen Villa «zur Vogelhütte» beteiligte sich auch die Mutter von Emma-Dorothea, Emilie Huber-Zundel, am gesellschaftlichen Leben. Die offenbar enge Mutter-Tochter-Beziehung[11] bestärkte Hermann Bleuler in seinem Wunsch nach einem eigenen Heim und veranlasste ihn Ende der siebziger Jahre, nach einem geeigneten Objekt Ausschau zu halten.

DER BAU DER VILLA

Die Familie Huber-Zundel besass angrenzend an die «Vogelhütte» ein beträchtliches Stück Land, welches Emma-Dorothea Bleuler-Huber von ihrem Bruder übernahm. Es war naheliegend, auf diesem Grundstück zu bauen, zumal ihre Mutter, in unmittelbarer Nachbarschaft wohnend, damit in den Haushalt eingebunden bleiben würde.

Zu jener Zeit machte in Zürich ein Schüler von Gottfried Semper als 'Stararchitekt' von sich reden: Alfred Friedrich Bluntschli. Nach seinem Studium am Polytechnikum

in Zürich verbrachte er mehrere Jahre in Italien, Paris und Frankfurt a. M. Im Jahre 1881, zur gleichen Zeit, da Hermann Bleuler in den Schulrat gewählt wurde, erhielt Bluntschli – als Nachfolger Sempers – die Professur für Baukunst am Polytechnikum. Der Architekt blieb durch diverse Villenbauten, das Chemie- und das Physikgebäude des Polytechnikums (1886 beziehungsweise 1890, zusammen mit Georg Lasius) sowie die Kirche Enge (1887–1894) in Erinnerung.
Mit Hermann Bleuler verband Bluntschli eine enge Freundschaft. So lag es nahe, dass der Oberst den bekannten Architekten beauftragte, an der alten Landstrasse in Riesbach (heute Zollikerstrasse) eine Villa zu bauen. Bei der Planung und Ausgestaltung des Gebäudes liess Bleuler seinem Freund weitgehend freie Hand. Anfang der achtziger Jahre begannen die Entwurfsarbeiten. Die Bauausführung dauerte etwa drei Jahre. Während dieser Zeit sah sich Emilie Huber-Zundel zu wiederholten Reklamationen über Immissionen und Baulärm veranlasst; bereits vor Baubeginn hatte sie erklärt, «es werde dies ihr Tod sein.»[12] Tatsächlich starb die alte Dame, die den Park nur einzelne Male, die neue Villa nie betreten hatte, wenige Tage nach dem Umzug ihrer Tochter und ihres Schwiegersohns am 22. Juni 1888.
Die Villa war ganz nach dem Geschmack jener Zeit: prachtvoller italienischer Stil, diverse Loggien, kunstvolle Schmiedearbeiten, Sichtbacksteinfassaden mit Malereien, umfangreiche Wand- und Deckengemälde im Inneren, ein «Meisterwerk der Zürcher Neurenaissance und Semperschule».[13] Die eindrückliche Parkanlage, als Einheit mit der Villa geplant, wurde durch das damals führende Gartenbaugeschäft Froebel & Mertens gestaltet. Gemäss den Notizbüchern von Evariste Mertens bestellte die Familie Bleuler verschiedenartigste, zum Teil auch exotische Pflanzen.[14]
Die gesamten Baukosten beliefen sich auf rund 240'000 Franken[15] – Landkosten nicht mitgerechnet.

Dekorationsentwürfe für das Empfangszimmer im Erdgeschoss (Nachlass Alfred Friedrich Bluntschli).

DIE BLEULERS IM NEUEN HAUS

Im gleichen Jahr – 1888 – wurde Hermann Bleuler zum Präsidenten des Schulrats des Eidgenössischen Polytechnikums gewählt. Das neue ehrenvolle Amt beinhaltete eine verstärkte Repräsentationspflicht, was Bleulers Neigungen entgegenkam. Die prächtige Villa bildete nun den adäquaten Rahmen «für die grosszügige Gastfreundschaft, die das Ehepaar Bleuler auszuüben liebte. Geistige Geselligkeit war Oberst Bleuler ein Bedürfnis und so lud er denn häufig seine Freunde, Militärs und Professoren ein, um mit ihnen anregenden Gedankenaustausch zu pflegen.»[16]
Ende 1887 war Hermann Bleulers Bruder Otto, der sich fünfundzwanzigjährig in Guatemala als Zucker- und Kaffeeplantagenbetreiber niedergelassen hatte, kurz nach seiner Rückkehr in Obermeilen gestorben. Er hinterliess das Landgut «Rosenberg» am Zürichsee, welches der Familie Bleuler nun als Sommerhaus diente und wo bald ein reges gesellschaftliches Treiben einsetzte. Die Villa in Riesbach wurde damit während der Sommermonate nur noch teilweise bewohnt.

DER VERKAUF DER VILLA

Hermann Bleulers Arbeitspensum war aussergewöhnlich. Neben seinen Verpflichtungen als Korpskommandant, die er auch nach seiner Wahl zum Schulratspräsidenten weiterhin wahrnahm, war er am Polytechnikum häufig präsent, besuchte zum Teil sogar die Vorlesungen 'seiner' Professoren, um sich ein präzises Bild vom Ausbildungsniveau und von der Schuldisziplin zu machen.[17]

Bei einer derartigen Arbeitsbelastung, gepaart mit einem grossem Interesse für gesellschaftliche und familiäre Belange, wurde die Zeit knapp, auch die Geschäfte mit der notwendigen Sorgfalt zu betreuen. Es scheint zudem, dass sich der weltoffene und im Umgang mit Menschen paradoxerweise unmilitärische Bleuler «von Leuten umgarnen liess, die seine allzugrosse Güte und Leichtgläubigkeit [...] ausbeuteten».[18] So kam es, dass er um das Jahr 1900 einen grossen Teil seines Vermögens verlor und ein Verkauf der Villa unumgänglich wurde.
In dieser schwierigen Situation kam der Schwager Peter Emil Huber, seit 1864 mit Anna Marie Werdmüller verheiratet, zu Hilfe. Huber-Werdmüller erwirkte «aus Gefälligkeit des Herrn Ständerat Usteri ein Hypothekardarlehen auf die Villa im Betrage von Fr. 250'000.–, musste dasselbe aber noch persönlich durch Hinterlegung von Fr. 50'000.– Wertschriften sicherstellen.»[19]
An potentiellen Kaufinteressenten dürfte es angesichts der erstklassigen Lage und des repräsentativen Ausbaus der Villa nicht gemangelt haben, und so schrieb Huber-Werdmüller, der sich in Sorge um seine Schwester und seinen Neffen Walter nun um den Verkauf der Liegenschaft kümmerte, dem zukünftigen Käufer am 27. März 1902: «Meinem Versprechen gemäss übermache ich Ihnen in der Beilage einen Vertrags-Entwurf bezüglich Ihres Ankaufes der Bleuler'schen Liegenschaften an der Zolliker- & Feldegg-Strasse.»[20] Als Kaufpreis nannte Huber-Werdmüller die Gesamtsumme von 600'000 Franken.
Am 9. April 1902 wurde der Kaufvertrag unterzeichnet und festgehalten, dass «auf dem Grundstück No. 841 nie mehr als zwei Villen, wovon die eine schon erstellt ist, [...] errichtet werden dürfen.» Zudem wurde vereinbart, dass «Mobiliar, das [...] durch Nägel oder Verschraubung mit dem Gebäude fest verbunden ist, hiemit ausdrücklich als im Kaufpreise eingeschlossen betrachtet wird.»[21] Einrichtungsgegenstände wie eingebaute Schränke mit Einlegearbeiten, Täferungen oder Wandbespannungen blieben somit der Villa erhalten. Die Eigentumsübertragung fand im Oktober 1902 statt.[22]
Um Hermann Bleuler war es in der Zwischenzeit zunehmend stiller geworden. Im Herbst 1903 erlitt er anlässlich eines Reitunfalls «eine Verletzung der Schädeldecke und eine Gehirnerschütterung»[23], von der er sich zunächst schnell erholte, nach der Hochzeit seines Sohnes Walter am 12. April 1904 zwang ihn jedoch ein Schlaganfall, seine Ämter als Oberstkorpskommandant (1904) und Präsident des Schulrats (1905) niederzulegen. Für die Bescheidenheit des Achtundsechzigjährigen wohl recht bezeichnend, verzichtete er damit auf den «Nachgenuss»[24] seiner bisherigen Stellung. Hermann Bleuler überwand die Folgen seines schweren Schlaganfalls nicht mehr, auch wenn bis zu seinem Tod am 7. Februar 1912 noch einige Jahre vergingen. An der schlichten Trauerfeier vom 10. Februar im Haus der Familie an der Freiestrasse nahmen Schulratspräsident Professor Gnehm wie auch Oberstkorpskommandant Ulrich Wille teil, der spätere General und Bleulers früherer Untergebener.[25]

Oberst Hermann Bleuler um 1900.

Villa Bleuler, 1888, Heliografie von J. Blechinger, Wien.

Anmerkungen

1 Frieda Maria Huggenberg-Kaufmann: Die Bleuler von Hirslanden und Riesbach, 1385–1947, in: Zürcher Taschenbuch auf das Jahr 1948, Zürich 1947, S. 38.

2 Einst das Lusthaus von Felix Oeri und Elisabeth Lavater (Huggenberg-Kaufmann 1947 [wie Anm. 1], S. 38).

3 Hans Staffelbach: Peter Emil Huber-Werdmüller, 1836–1915. Emil Huber-Stockar, 1865–1939. Vater und Sohn. Zwei Lebensbilder als Beitrag zur Geschichte der schweizerischen Technik, Zürich: Schulthess & Co AG, 1943, S. 26.

4 Ebd., S. 28.

5 Peter Emil Huber-Werdmüller: Diktierter Bericht vom August 1912, unveröffentlichtes Manuskript (Auszug), S. 10 (Institut gta – ETH Zürich: Nachlass Alfred Friedrich Bluntschli).

6 Ebd.

7 Staffelbach 1943 (wie Anm. 3), S. 32.

8 M. Paur: Oberstkorpskommandant Hermann Bleuler, in: Neujahrsblatt der Feuerwerker-Gesellschaft in Zürich auf das Jahr 1938, S. 16.

9 Brief Militärdept. Schweiz. Eidgenossenschaft, 6.10.1894 (Familienbesitz Bleuler).

10 Staffelbach 1943 (wie Anm. 3), S. 32.

11 Huber-Werdmüller 1912 (wie Anm. 5), S. 10–11.

12 Ebd., S. 11.

13 INSA, Inventar der neueren Schweizer Architektur, 1850–1920. Bd. 10: Winterthur, Zürich, Zug, hrsg. von der Gesellschaft für Schweizerische Kunstgeschichte Bern, Zürich: Orell Füssli Verlag, 1992, S. 436.

14 Eeva Ruoff, in: Neue Zürcher Zeitung, Nr. 284, 5.12.1983, S. 35.

15 Festschrift zur Feier des fünfzigjährigen Bestehens des Eidg. Polytechnikums, Bd. 2: Die bauliche Entwicklung Zürichs in Einzeldarstellungen, verfasst von Mitgliedern des Zürcher Ingenieur- und Architektenvereins, Zürich 1905, S. 435.

16 Paur 1938 (wie Anm. 8), S. 27.

17 Ebd., S. 17.

18 Huber-Werdmüller 1912 (wie Anm. 5), S. 11.

19 Ebd., S. 12.

20 Brief 27.3.1902 (Familienbesitz Bleuler).

21 Beim Kauf wurde die seit 1900 bestehende Hypothek der Schweizerischen Rentenanstalt (Fr. 250'000.–) vom Käufer übernommen.
Weiter heisst es im Kaufvertrag vom 9.4.1902 (Familienbesitz Bleuler): «Der Restbetrag von Fr. 328'000.– ist auf den Tag des Kaufantritts durch Aushingabe eines auf Kataster 841 (Villa) grundversicherten, Fr. 300'000.– haltenden vorstandsfreien Schuldbriefes und Fr. 28'000.– in bar auszugleichen.»

22 Ebd.

23 Paur 1938 (wie Anm. 8), S. 28.

24 Eine mit seiner Stellung als Präsident des Schulrats verbundene Pension. Auszug aus dem Protokoll des Schweizerischen Schulrats, 6.4.1905 (Familienbesitz Bleuler).

25 Erinnerungen an Oberst H. Bleuler-Huber, 1837–1912, zusammengestellt und mit einem Vorwort von W.[alter] Bleuler-Moser, Zürich [Druck]: Schulthess & Co., 1912, S. 7.

Die Familie Abegg

Anne Keller

Der Erwerb der Villa Bleuler im Jahr 1902, später in der Familie schlicht «Zollikerstrasse» genannt, bedeutete für den Zürcher Industriellen Carl Abegg-Stockar (1860–1943) nicht nur in persönlicher Hinsicht eine treffliche Wahl: Im Zuge der Stadtentwicklung hatte sich Hottingen als aufstrebendes Quartier und 'gute Adresse' etabliert.[1] Die Villen der einflussreichen Zürcher Familien befanden sich entweder hier oder im Engequartier.[2] Nicht zuletzt bedingt durch das angestammte Metier, die Textilindustrie, war Carl Abegg-Stockar auch die neue Nachbarschaft bereits von Kindesbeinen an bestens vertraut. Der Handwechsel an der Zollikerstrasse kann als Kapitel einer eigentlichen 'Hottinger Familiengeschichte' gelesen werden: Carl Abegg-Stockars Mutter, Emma-Augusta Arter, war die Tochter von Salomon Arter, dessen Schwester Regula-Sophie wiederum die Mutter von Hermann Bleuler. Ob zwischen den Ehepaaren Abegg-Stockar und Bleuler-Huber bereits Kontakte vorhanden waren, ist allerdings nicht feststellbar. Enge verwandtschaftliche und freundschaftliche Beziehungen bestanden hingegen zu den Hubers: Emil Huber, der älteste Sohn von Peter Emil Huber-Werdmüller, hatte Helene, die jüngere Schwester von Annie Abegg-Stockar (1868–1969),[3] der Gattin des neuen Hausbesitzers, geheiratet. Alle genannten Familien wie auch die Stockars waren in der Seidenindustrie tätig; seit Mitte des 19. Jahrhunderts hatten sich zahlreiche Unternehmer aus dieser Branche in Hottingen niedergelassen. Die Hubers wohnten an der Neumünsterallee, Besuche unter den Familien – vor allem unter den Töchtern – gehörten schon bald zur Regel. Doch nicht nur das standesgemässe Haus oder die familiäre Umgebung, auch der grosszügige und kunstvoll angelegte Garten war dem Ehepaar Abegg, hauptsächlich im Hinblick auf die Kinder, besonders wichtig. Als vorteilhaft erwies sich sodann die zentrale Lage: Der Weg zum Abeggschen Firmensitz an der Bahnhofstrasse 1 konnte nach wie vor zu Fuss zurückgelegt werden.

Der Sitz der Firma Abegg an der Zürcher Bahnhofstrasse.

CARL ABEGG-STOCKAR – EIN 'SPÄTER PIONIER' DER SCHWEIZER SEIDENINDUSTRIE

Der Kauf der Villa Bleuler fiel in den spannendsten und bewegtesten Abschnitt der beruflichen Karriere des Sohnes von Carl Abegg-Arter (1836–1912), dem Seidenindustriellen und späteren Nachfolger von Alfred Escher als Verwaltungsratspräsident der Schweizerischen Kreditanstalt.[4] Nach Lehrjahren in Italien und ausgedehnten Amerika- und Ostasienreisen hatte Carl junior als Fünfundzwanzigjähriger die Firma Abegg & Co. in Fortsetzung des Commissionsgeschäfts Rübel & Abegg gegründet. Dem Ausspruch seines Vaters, Russland sei das «Land der unbegrenzten Unmöglichkeiten»[5] – ganz im Gegensatz zum seit Jahrzehnten etablierten Geschäftsfeld in Amerika –, setzte der junge Abegg handfeste Realitäten gegenüber: Die Suche nach tragfähigen Absatzmärkten und die rigide Einfuhrgesetzgebung des Zarenreichs bestärkten den Entscheid zum Bau von Produktionsstätten in Russland. Nach umfangreichen Abklärungen wurde 1895 in Kolomna, einer südlich von Moskau gelegenen Kleinstadt, die grösste Seidenzwirnerei Europas eröffnet. Die maschinelle Einrichtung stammte grösstenteils von den Gebrüdern Sulzer in Winterthur; unter italienischer Direktion beschäftigte die Fabrik neben 20 leitenden ausländischen Angestellten 1300 russische Arbeitskräfte. 1905 beschloss Carl Abegg-Stockar – in erster Linie aus dem Wunsch nach Arbeitsentlastung –, die gesamte Anlage zu verpachten. Später, in den Jahren 1912/13 und 1917/18 war sein ältester Sohn Carl Julius für längere Zeit im Dienste des Unternehmens in Moskau und Kolomna tätig.

Annie und Carl Abegg-Stockar.

Bis zum Ersten Weltkrieg war dem pionierhaften Unternehmen vielversprechender Erfolg beschieden, da seine Produkte konkurrenzlos blieben. Mit dem Kriegsausbruch folgten dann aber drei zunehmend verlustreichere Jahre. Das dramatische Ende des Russlandunternehmens zeichnete sich 1917 mit der Beschlagnahmung der Fabrik durch den russischen Staat ab. Nach der Ausrufung der Räterepublik wurde Kolomna 1918 entschädigungslos enteignet. Eine Aufstellung aller Verluste inklusive requirierter Waren und Guthaben der Firma Abegg aus dem Jahre 1925 beziffert den Totalverlust in Russland auf nahezu 17 Millionen Franken, die Verluste in Polen, wo die Seide weiterverarbeitet wurde, auf 4 Millionen.[6] 1919 übergab der fast sechzigjährige Abegg die Firmenleitung seinem Sohn Carl Julius, was jedoch keineswegs einen Rückzug aus unternehmerischer Tätigkeit bedeutete: Verwaltungsratsmandate – bei der Schweizerischen Kreditanstalt, der Schweizerischen Rückversicherungsgesellschaft, den Versicherungsgesellschaften Zürich und Vita sowie der Alimentana, Muttergesellschaft der Maggi Unternehmungen –, die teilweise mit dem Wirken seines Vaters zusammenhingen und bereits aus den Vorkriegsjahren datierten, wurden von ihm weiterhin wahrgenommen; ebenso forderten private Interessen, Verpflichtungen und nicht zuletzt die Beteiligung an den Textil-Unternehmungen seines Bruders August (1861–1924) in Norditalien[7] immer wieder persönlichen Einsatz und Beratung.

Die Kinder Carl Julius, Annie und Werner Abegg mit Gouvernante im Garten der Villa.

LEBEN AN DER ZOLLIKERSTRASSE

Alltag und Festtag an der Zollikerstrasse standen in engem Zusammenhang mit der beruflichen Stellung des Hausherrn, den entsprechenden Repräsentationspflichten und seinem Wunsch nach Privatsphäre wie auch mit der Kontaktfreudigkeit und den Talenten von Annie Abegg-Stockar, welche den Zeugnissen zufolge die an sie gestellten gesellschaftlichen und persönlichen Erwartungen in jeder Beziehung erfüllte. Carl Abegg-Stockar wurde als eher stiller, äusserst disziplinierter, bescheidener und höflicher Mitmensch beschrieben.[8] Seine Vorlieben galten Geschichtsbüchern und aussergewöhnlichen Biographien. Kontakte pflegte er in erster Linie mit engen Verwandten und mit Persönlichkeiten der Zürcher Hochschulen.[9] Sein Interesse an Ausbildung und Forschung besiegelte er mit Schenkungen im Bereich der medizinischen Forschung zu Beginn der dreissiger Jahre.[10] Nicht nur auf den ersten Blick entspricht Carl Abegg-Stockar ganz dem Bild des gestrengen, gerechten Patrons, der im väterlichen Erbe insbesondere eine Verpflichtung sieht und dessen Handlungsmaxime höchste Anforderungen an Moral und Ethik darstellen. Ganz gemäss Norm und Sitte lernte er auch seine zukünftige Ehefrau auf einer «Tanzerei» bei seiner Schwester Emma Abegg-Escher[11] kennen: Zwei recht unterschiedliche Persönlichkeiten fanden zusammen. Die aparte Stockar-Tochter zeichnete sich durch verschiedenste Begabungen aus, die dem damaligen Anforderungskatalog grossbürgerlicher Töchter mehr als nur entsprachen:[12] Mit leichter Hand verfasste sie zu mancherlei Anlässen und Situationen Gedichte, schrieb Erinnerungen in Form präziser Zeit- und Sittenbilder für die Nachfahren nieder. Von besonderer Bedeutung war für sie seit frühester Kindheit das Klavier- und später auch das Orgelspiel. Tägliche Übungsstunden bis ins hohe Alter waren die Regel, musiziert wurde auch in der Familienrunde; allerdings nicht so ausgiebig wie sich die Hausherrin dies gewünscht hätte: Um den Gatten nach langen Arbeitstagen nicht zu stören, verzichtete Annie Abegg-Stockar auf eine eigene Hausmusik und «accompagnierte» lediglich den ältesten Sohn beim

Geigenspiel. Oft sang die Mutter zusammen mit ihren Kindern, besonderen Festtagen wurden mit selbstkomponierten Liedern Glanzlichter aufgesetzt. Auch die bildende Kunst wurde gepflegt, über die Jahre entstand eine beachtliche Anzahl von Aquarellen und Pastellzeichnungen. Carl Abegg-Stockar förderte die Talente seiner Gattin,[13] was für die damalige Generation wenig üblich war; darin bestärkt fühlte er sich wohl nicht zuletzt durch die einhellige Anerkennung im Bekanntenkreis. Gerade diesen selbstverständlichen Umgang mit den 'schönen Künsten' wusste man besonders zu schätzen. Zur kulturellen Bildung gehörten auch Sprachgewandtheit und Kenntnisse über Kunstgeschichte und klassische Literatur. Besonders die Mehrsprachigkeit hatte in der Abeggschen Familie Tradition: So korrespondierte bereits Carl Abegg-Arter mit seinen Söhnen des öftern in Französisch, Italienisch oder Englisch.[14] Zu dieser Pflege von Fremdsprachen gesellte sich eine Weltoffenheit, die durch geschäftliche und private Kontakte wie auch Besuche aus anderen europäischen Ländern und Übersee gefördert wurde.

ALLTAG AN DER ZOLLIKERSTRASSE

Der Lebensstil an der Zollikerstrasse war auf ein nach innen und aussen unprätentiöses familiäres Leben ausgerichtet. Die Haushalt- und Personalführung waren alleinige Domäne von Annie Abegg-Stockar: Vier bis fünf Haushalthilfen standen ihr dabei zur Verfügung. Die meisten Anstellungen währten über Jahrzehnte, erwähnenswert ist die Einarbeitung neuer Köchinnen: Die Hausherrin selbst übernahm die Schulung und stand während dreier Wochen mit dem Mädchen am Herd. Dies, um die gewünschte Qualität der Gerichte von Anfang an zu gewährleisten.[15] Der alltägliche Speisezettel war einfach, der Zubereitung spezieller Haus- und traditioneller Zürcher Spezialitäten wurde besonderer Wert beigemessen. Ausgewählte Mahlzeiten gab es jeweils am Sonntag. Neben der wöchentlichen Menüplanung wurde auch über Einladungen, Gäste und jeweilige Mahlzeiten Buch geführt, um Wiederholungen zu vermeiden.[16] Der Sonntag war Familientag: Nach dem Essen fanden im Herrenzimmer Diskussionen geschäftlicher und privater Natur statt, während im Salon oder in der Loggia die Ehefrauen miteinander plauderten; Gespräche, bei denen sich oftmals drei Generationen zusammenfanden. Gegenbesuche fielen häufig in die Sommermonate. Besonders beliebt waren die Ausflüge auf den Bröhlberg in Kilchberg, wo August Abegg-Rüegg mit seiner Familie den Sommer verbrachte.[17] Seit der Schulzeit waren seine Gattin Anna und Annie Abegg-Stockar engste Freundinnen, das gleiche galt für die beiden Töchter Dorina und Annie.

Werner Abegg auf der Terrasse mit Springbrunnen und Teich im Frühling.

Kurzvisiten in Turin, dem Hauptwohnsitz der Abegg-Rüeggs, waren Teil der herbstlichen Badekuren der Hausherrin, welche möglichst im italienischen Acqui gemacht wurden. Die Alternative waren vierzehn – eher ungeliebte – Tage in Baden. Diese Kuren, bereits in der Stockarschen Familie Tradition, wurden als unverzichtbare Gesundheitsvorsorge angesehen.

Ein bis zwei Monate verbrachte man im Sommer jeweils in Flims im Hotel Waldhaus oder in Maloja im Kurhotel. Gesellschaft leisteten die Schwiegermutter von Annie Abegg und jährlich wiederkehrende Bekannte. Neben Bergwandern wurden die beliebten Sportarten Velofahren und Tennis betrieben. Der Vater kam lediglich für kürzere Aufenthalte zu Besuch. Längere Ferien kamen für ihn nicht in Frage, da alljährlich im Herbst einmonatige Geschäftsreisen nach Moskau und weitere Auslandsverpflichtungen bereits längere Absenz vom Zürcher Büro mit sich brach-

ten. Denkwürdig war die letzte Russlandreise 1912, die Abegg-Stockar zusammen mit seiner Frau und dem ältesten Sohn unternahm. Als eigentliche Kulturreise geplant, führte sie über Wien und Warschau; in Moskau standen dann ein reges Gesellschaftsleben und Kontaktpflege mit den russischen Associés im Vordergrund.[18]
Kinder und Kindererziehung nahmen einen zentralen Platz für beide Ehepartner ein: In den zahlreichen Briefwechseln sind Ausbildung, Fortschritte, aber auch Betragen und allfällige heitere Alltagsepisoden immer wieder Gegenstand der Konversation. Nach der Geburt des jüngsten Sohnes Werner (1903) kam mit Tante Lily eine deutsche Gouvernante ins Haus. Eigens für sie wurde an der Zollikerstrasse eine zweite «Badstube» eingebaut. Durch den Altersunterschied von jeweils sechs Jahren wuchsen die drei Abegg-Kinder[19] nahezu einzeln auf, was in ihrer Erinnerung mit spezieller Aufmerksamkeit und individueller Förderung durch Eltern und Verwandtschaft wettgemacht wurde.
Ganz in der Tradition damaliger grossbürgerlicher Familien stand an der Zollikerstrasse auch eine Teestunde, zu der sich rund alle vierzehn Tage das sogenannte «Vereinli» alter Freundinnen aus der Pensionatszeit[20] zum gemütlichen Beisammensein einfand. Für die Tochter des Hauses hiess dies eine saubere Schürze anziehen, artig alle Tanten begrüssen und mit den letzten Fortschritten auf dem Klavier aufwarten. Das allerdings war gar nicht Sache des jungen Mädchens, das Klettereien auf dem Lieblingskastanienbaum im Garten vorzog. Den üblichen Pensionatsaufenthalt verglich die junge Dame später mit einem Jahr Militärdienst und meinte lakonisch: «Geistig wurde man nicht besonders gefördert. Immerhin lernte ich gut Französisch, auch Englisch, und das war ja wohl die Hauptsache.»[21] Ihren Tagebuchnotizen zufolge waren gesellschaftliche unterhaltsame Aktivitäten in den Kriegsjahren, nicht zuletzt aus Moral- und Pietätsgründen, auf ein Minimum reduziert; dennoch fanden häufig Theater-, Opern- und Konzertbesuche statt. Weit mehr als blosser Kunstgenuss, bedeuteten sie auch eine wichtige gesellschaftliche Verpflichtung. Man traf sich in den Abonnementskonzerten, diskutierte die Darbietungen im Bekanntenkreis und empfing die Künstler zu Hause. Die Abeggs verfügten über eine Loge im Stadttheater, dem heutigen Opernhaus, und besuchten regelmässig Konzerte. Abegg-Stockar tat dies auch in seiner Funktion als Vorstandsmitglied der Tonhalle-Gesellschaft.[22] Besonders beliebt waren im Zürich der Jahrhundertwende – als temporäre Wahlzürcher – Richard Wagner und Johannes Brahms. Nicht nur in Zürich, auch anlässlich von Festspielen im Ausland, in Salzburg oder Bayreuth etwa, gehörte es zur Gewohnheit von Annie Abegg-Stockar, Inszenierung, musikalische Leistung und Einzeldarstellung kurz schriftlich zu analysieren und zu beurteilen.

Annie und Werner mit einer Freundin auf der Treppe vor der Terrasse der Villa.
Annie Abegg-Stockar im blauen Salon im Kreise ihrer Familie.

FESTTAGE AN DER ZOLLIKERSTRASSE

Auch grosse Gesellschaften, Lunches, Empfänge und Familienfeste hatten ihren festen Platz im Leben an der Zollikerstrasse. Annie Abegg-Stockar erwies sich als. perfekte Gastgeberin, «die genau überlegte, wen sie mit wem zusammen einlud, und die mit Intelligenz und Herzenswärme auf jeden Gast in der ihm gemässen Weise einging.»[23] Klar getrennt vom privaten Bereich im ersten Stock, boten die Repräsentationsräume im Parterre, das Entrée und der Garten die gewünschten Voraussetzungen.
Einen einmaligen Festtag bedeutete der 10. Oktober 1917: die Hochzeit der Tochter Annie mit Henry Bodmer. Besonderer Höhepunkt in der Kreuzkirche war der Gesang

von Maria Stader, damals am Anfang ihrer Karriere als Sopranistin. Zum anschliessenden Hochzeitsessen fand sich die Gesellschaft an der Zollikerstrasse ein, eher eine moderate Feier im Familienkreis, das Menu in der Retrospektive bescheiden: Zum Hauptgang wurden Brathähnchen aufgetischt. Der Krieg und geschäftliche Sorgen forderten ihren Tribut.
Neben den Geburtstagen wurden zwei traditionelle Familienfeste gefeiert: Ostern und Weihnachten. Nach altem Rezept gefärbte Eier und Schokoladehasen waren an Ostern überall im Garten versteckt; man vergnügte sich bei Plauderei und Crocketspiel, und im Salon wartete ein kleines Schlaraffenland an ausgewählten Tee-Brötchen und Süssspeisen. Wesentlich formeller gestaltete sich die Weihnachtsfeier: Nach Flötenspiel, Gesang und einer kurzen Bibellesung wurde in festlichem Rahmen diniert. Besondere Freude der Kinder, auch späterer Generationen, war eine italienische Wachskrippe mit fliegenden Engeln, aufgebaut im Cheminée im grossen blauen Salon. Dort standen auch die Gabentische für jeden einzelnen Familienzweig. Eine ganz ausgesuchte Weihnachtsspezialität brachten die Russland-Geschäfte mit sich: Als damals grosse Seltenheit in Zürich wurde Kaviar serviert, den Abegg-Stockar jeweils von seinen Herbstreisen mit nach Hause nahm.

1919 änderte sich die Nutzung der «Zollikerstrasse» grundlegend, da Carl Abegg-Stockar den Sommersitz «Buonas» am Zugersee erwarb. Dort verbrachte das Ehepaar Abegg fortan die Sommer- und Herbstmonate; auch das gesellschaftliche Leben pflegte es in diesem neuen Zuhause mit Musse und Umsicht.
Die Zürcher Villa wurde zur stillen Winterresidenz. Die traditionellen Feste allerdings feierte die Abeggsche Grossfamilie hier noch bis zum hundertsten Geburtstag der Hausherrin im Jahr 1968.

Anmerkungen

1 Martin Fröhlich: Architekturauffassung und Stadtentwicklung im 19. Jahrhundert am Beispiel Zürichs, in: Unsere Kunstdenkmäler, Heft 2, Bern, 1991, S. 161.

2 Nach seiner Heirat 1890 bis zum Erwerb der Villa Bleuler wohnte Carl Abegg-Stockar an der Aubrigstrasse im Engequartier.

3 Lorly, Annie, Helene und Hans waren die Kinder des Kaufmanns, Seidenindustriellen und Grossratsmitglieds Julius Stockar. Die Familie lebte im Stockargut «Berg» zwischen Hirschengraben und Künstlergasse, welches heute zur Universität gehört.

4 Carl Abegg-Arter, der Sohn von Hans-Caspar Abegg, Tuchhändler und Gemeindeammann in Küsnacht, und Anna Regula Bleuler von Küsnacht, gilt als aussergewöhnliche Persönlichkeit und einer der wichtigsten Schweizer Wirtschaftsführer im ausgehenden 19. Jahrhundert. Nach erfolgreicher Karriere als Seidenhändler zog er sich 1884 aus der operativen Tätigkeit zurück, um sich in erster Linie seinen Aufgaben als Präsident der Schweizerischen Kreditanstalt (1883–1911), den Verwaltungsratsmandaten der Schweizerischen Rückversicherungsgesellschaft, der Versicherungsgesellschaften Zürich und Vita und der Alimentana, Muttergesellschaft der Maggi Unternehmungen, zu widmen.

5 Hans Rudolf Schmid: Die Familie Abegg von Zürich und ihre Unternehmungen, Zürich 1972, S. 87.

6 Ebd., S. 116–117. Die Gesamtsumme des durch Zwangsenteignung einiger Dutzend Schweizer Firmen in Russland entstandenen Schadens wird auf 1,5 Milliarden damaliger Schweizerfranken geschätzt.

7 1881 gründeten der in Italien geborene Emilio Wild und August Abegg die Kollektivgesellschaft Wild & Abegg in Mailand, wobei sie von Carl Abegg-Arter und Emilios Onkel Johann Wild massgeblich gefördert wurden. Bis 1906 betrieben sie Baumwoll-, später Feinspinnereien in der Nähe von Turin. Nach 1913 übernahm August Abegg das ganze Aktienpaket, änderte die Gesellschaftsform und diversifizierte in die Elektrowirtschaft und den Kunstfaserbereich.

8 Nachrufe 16. September 1943; Abdankungsrede von Pfarrer Gerhard Spinner, Horgen, vom 18. September 1943 in der Neumünsterkirche, Zürich; Kommissionsvertrag Berichthaus Zürich; Gespräche mit Frau Dr. Annie Bodmer-Abegg, der Tochter von Annie Abegg-Stockar.

9 Schmid 1972 (wie Anm. 5), S. 132.

10 Sie galten dem Forschungsinstitut der Schweizerischen Anstalt für Epilepsie, das 1932 seinen Betrieb aufnahm.

11 Aus unveröffentlichten Jugenderinnerungen von Annie Abegg-Stockar, 1929.

12 Ursi Blosser, Franziska Gerster: Töchter der guten Gesellschaft: Frauenrolle und Mädchenerziehung im schweizerischen Grossbürgertum um 1900, Zürich: Chronos, 1985, S. 116–123.

13 Carl Abegg-Stockar scheint besonders die musikalischen Talente seiner Frau geschätzt zu haben; so schenkte er ihr zum sechzigsten Geburtstag eine Orgel, deren Erbauer Albert Schweitzer war. Vgl. dazu Daniel Bodmer: Annie Abegg-Stockar. 27. August 1868 bis 9. Januar 1969, in: Zürcher Taschenbuch auf das Jahr 1970, Zürich 1969, S. 120.

14 Schmid 1972 (wie Anm. 5), S. 163.

15 Gespräch mit Frau Dr. Annie Bodmer-Abegg.

16 Vgl. dazu die Quellen in Blosser/Gerster 1985 (wie Anm. 12), S. 117.

17 Als Autofanatiker sorgte August Abegg-Rüegg für aufregende Erlebnisse: Bei einer gemeinsamen Ausfahrt der beiden Ehepaare 1907 verunmöglichten Glatteis und ein überhitzter Motor die Weiterfahrt. 1909 brauste er durch eine Autofalle in Rothenturm und hatte die hohe Busse von 25 Franken zu bezahlen.

18 Handschriftliches Reisetagebuch von Annie Abegg-Stockar (20.10.–25.11.1912).

19 Carl Julius (*1891), Annie (*1897) und Werner Abegg (*1903).

20 Die Pensionatszeit, die sogenannte «Löffelschleife», absolvierten die jungen Damen bei Madame Descombaz in Sadex bei Nyon (Annie Abegg-Stockar: Alle Bräuche zu meiner Jugendzeit, 1954, S. 39 [Familienbesitz]).

21 Annie Bodmer-Abegg: Tagebuchblätter, Reisen und Erinnerungen, Zürich 1984, S. 15 (Familienbesitz).

22 Schmid 1972 (wie Anm. 5), S. 132.

23 Bodmer 1969 (wie Anm. 13), S. 117.

Werner Abegg mit Gouvernante vor der Terrasse.
Annie Abegg am Fenster.

Die Villa im Winter, von der Zollikerstrasse aus gesehen.

Die Villa Bleuler als Baudenkmal

Martin Fröhlich

In Erinnerung an Edwin Frech, Stadtrat, Vorsteher des Hochbauamtes der Stadt Zürich 1966–1982

Es wäre verlockend, in einem solchen Aufsatz einen architekturgeschichtlichen 'Rundumschlag' zu versuchen und einmal 'alles' 'richtig' zu benennen, zu sichten und zu orten. Doch leider soll dies ein Aufsatz und keine Baumonographie werden. Deshalb wird vieles gestreift und angetönt. Weniges wird nachgewiesen und belegt. Vieles muss der Leserschaft zur Überprüfung überlassen bleiben, wenn sie sich versichern will, dass der Autor mehr vorlegt als Behauptungen. Doch zur Sache:
Noch 1970 sollte der Park der Villa 'gewinnbringend' überbaut werden. Es war die Zeit des heimlichen Abbruchs der benachbarten Villa Seeburg. Keine fünfundzwanzig Jahre später stehen Haus und Park als Baudenkmäler unter dem Schutz der Eidgenossenschaft, des Kantons und der Stadt Zürich, die beträchtliche Mittel in die Erhaltung und Restaurierung der Anlage investiert haben, um sie der Nachwelt nicht nur als Arbeitsstätte des Schweizerischen Instituts für Kunstwissenschaft, sondern darüber hinaus als hervorragendes Zeugnis der Baukultur zu erhalten.
Der Gesinnungswandel ist sicher auf einen Fortschritt in der Kunstwissenschaft zurückzuführen. Worin bestehen aber die Einsichten, die ihn bewirkt haben?

VON DER 'VILLA RUSTICANA' ZUR VILLA – EIN BEGRIFF ÄNDERT SEINE BEDEUTUNG

Was ist eine Villa? Diese Frage scheint müssig, bauten doch bereits die alten Römer Villen – sogar im Gebiet der heutigen Schweiz. Darüber hinaus: Wer kennt nicht die herrlichen Villenanlagen Andrea Palladios in der Terra Ferma? Aber Achtung! Sprechen wir da vom Gleichen?
In der zeitlichen Abfolge gilt es – nicht aus Schulmeisterei, sondern um mehr Klarheit zu schaffen –, die folgenden Auffassungen auseinanderzuhalten:
Die alten Römer und Palladio bauten im wesentlichen 'villae rusticanae' (im folgenden als 'Villa' bezeichnet): weitläufige, unbefestigte Anlagen in ländlicher Umgebung als 'Sommerfrische' herrschaftlicher Familien. Diese 'Villen' wurden ökonomisch von grossen Bauernbetrieben versorgt. Den Sommerfrischen entsprachen städtische Wohnbauten, Residenzen oder Palazzi.
Nicht in der Ausdehnung, wohl aber in der landschaftlichen und gesellschaftlichen Situation sowie in der ökonomischen Beziehung entsprechen den Villen die Landsitze oder Landgüter des 17. und 18. Jahrhunderts in unseren Gegenden. Auch sie zerfallen 'par définition' in Bauernhof und Herrenstock und dienten als Sommerfrische: Ihre Besitzer bewohnten in der kalten Jahreszeit grössere oder kleinere Stadthäuser.
Im Zuge der Ausdehnung der Städte, die ihren Ausdruck im Fall von Stadtmauern und Befestigungsanlagen fand, vollzog sich ein wahrscheinlich damals kaum feststellbarer Wechsel der topographischen, gesellschaftlichen, ökonomischen und damit auch architektonischen Struktur dieser 'Upperclass'-Wohnbauten, ohne dass das Produkt der Veränderung eine eigene Bezeichnung erhalten hätte. Die Einheit von Bauernbetrieb und herrschaftlichem Ferienhaus wurde aufgegeben, sei es weil Erbgänge die Unterteilung der Güter notwendig machten, sei es weil die Güter in Stadtnähe parzelliert, aufgeteilt und überbaut werden mussten. Die dicht bevölkerten Innenstädte machten den winterlichen Stadtaufenthalt der Familien unerquicklich. So wurden diese Sommerfrischen immer häufiger ganzjährig bewohnt. Das Anwesen konnte für den täglichen Bedarf über die Infrastruktur der sich ausdehnenden Stadt versorgt werden: Der Wegfall des Bauernhofs dürfte nicht einmal deutlich ins Bewusstsein

der Bewohner des Landsitzes gedrungen sein. Damit entstand aber ein neuer Bautypus, der jedoch immer noch Villa genannt wurde: das herrschaftliche Wohnhaus mit (grossem) Garten oder Park in städtischer oder suburbaner Situation.
In unserem Zusammenhang ist es unwesentlich, dass dazu auch Verkleinerungsformen wie das Wohnhaus oder das Einfamilienhaus bestehen. Beide scheinen im städtischen Kontext des 19. respektive 20. Jahrhunderts entstanden zu sein.

DIE VILLA ALS BAUTYPUS

Was macht eine Villa architektonisch zur Villa (so wie der Kirchturm und der Chor die Kirche zur Kirche machen)?
Dies kann für die Villa so wenig definiert werden wie für die 'Villa'. Jede Architektur-Schmuckform, die herrschaftliche Würde ausdrückt, ist möglich und willkommen. Jede Organisationsform ist denkbar. Typologisch trennt die Villa nichts vom Herrenstock des Landsitzes, vom Hauptgebäude eines Schlosses, ja nicht einmal von der städtischen Residenz.
Da die Architektur im 19. Jahrhundert nun einmal den Bildungsausweis des Architekten und des Bauherrn darstellt, ist es ihnen wichtig, welchen Bildungsbezug sie in der Architektur durch die aufgenommenen Zitate herstellen und welchen Aspekt grossbürgerlicher Kultur sie im einzelnen zum Ausdruck bringen.
So präsentiert sich an den Villen des 19. Jahrhunderts die gesamte historische Herrschaftsarchitektur. Diese Wahlbreite erlaubt aber auch eine klare Auswahl. Sie entscheidet letztlich über die architektonische Qualität der einzelnen Bauten.

'VILLEN' ALS REFERENZEN DER VILLENARCHITEKTUR

Im deutschen Sprachraum war Palladios Rotonda schon durch Scamozzis Werbefeldzug, aber spätestens durch Goethes Mignon-Lieder zum Inbegriff einer 'Villa' geworden. Palladianismus bedeutete auch, immer wieder den Versuch aufzunehmen, diesem Kristall unter den Wohnbauten nachzueifern, ihn womöglich noch zu übertreffen (etwa mit dem Landsitz Morillon südlich von Bern). Es scheint, als hätten vor allem zwei Dinge die Architekten des 19. Jahrhunderts an diesem Bau fasziniert: die vierseitige Gleichheit der Fassaden (die in der Topographie der Rotonda durch nichts empfohlen wird) sowie der überkuppelte zylindrische Innenraum, der seinerseits wohl ein Zitat von Bramantes Tempietto darstellt – dieser aber kann nur als 'Herausforderung' des Römer Pantheons verstanden werden: eine stolze Ahnenreihe (die 'Geschichtsnarren' wie die Architekten des 19. Jahrhunderts über alles liebten).
Neben der italienischen Wurzel bestand wohl immer auch eine französische: das 'château entre cour et jardin' (Vaux-le-Vicomte unter anderen) – und eine englische, die vor allem im Interesse an der Stellung der Bauten im Landschaftsgarten und in der Möglichkeit zur Darstellung der 'feinen englischen Art' auf dem Kontinent bestand. 'Englisch' bedeutete damals aber auch die Möglichkeit, mittelalterlich bauen zu können, ohne licht- und luftfressende oder gar fensterlose Befestigungsmauern hochführen zu müssen.

VOM LANDSITZ ZUR VILLA IN DER SCHWEIZ

Dies ist kein Untertitel in einem Aufsatz, sondern wäre das Thema für ein ganzes Buch. Dennoch sei in kurzen Bildern versucht, diese Entwicklung zu skizzieren: Ohne auf die eingangs dargestellte Unterscheidung zwischen Landsitz, Stadtwohnhaus

und Villa einzutreten, nimmt Bruno Carl in seiner Publikation «Klassizismus 1770–1860» unter anderen folgende Villen unter «Wohnhäuser» und «Landhäuser» auf: Hôtel Du Peyrou, Neuchâtel, 1764–1771 von Erasmus Ritter;[1] Maison Pourtalès-Castellane, Neuchâtel, 1814 von Anton Frölicher;[2] Villa Bartholoni, Genf, 1825–1828 von Félix-Emmanuel Callet;[3] Säulenhaus, Aarau, 1836–1838 von Franz Heinrich Hemmann;[4] Villa Forkart (Rosau), Zürich, 1844 von Ferdinand Stadler;[5] Villa Wesendonck, Zürich-Enge, 1853–1857 von Leonhard Zeugheer [6].
Darüber hinaus wären in und um Zürich zu nennen: Villa Seeburg, Zürich-Riesbach, Zollikerstrasse 60, 1843–1847 von Leonhard Zeugheer, abgebrochen 1974;[7] Villa «Neuer Sihlgarten», Zürich Sihlporte, 1857 von Ferdinand Stadler.
Für die Entwicklung im Raume Zürich werden später aber auch Gottfried Sempers Bauten in und um Dresden und seine nicht realisierten Entwürfe besonders wichtig, weil sie seinen Zürcher Schülern als Vorbilder dienen.
Allen voran: die Villa Rosa für den Bankier Oppenheim, Dresden Neustadt, Holzhofgasse, erbaut 1839, 1945 zerstört; Entwürfe für die Villa Rieter-Rothpletz, Zürich-Enge, Seestrasse, gezeichnet 1864[8] (ein Zerwürfnis des Bauherrn mit Semper liess den Bau unterbleiben und führte dazu, dass Rieter 1871 die Villa Wesendonck kaufte und ihr seinen Namen gab).
Noch 1905 unterscheidet der zweite Band der Festschrift zum fünfzigjährigen Bestehen des Eidgenössischen Polytechnikums in Zürich, der die bauliche Entwicklung Zürichs in Einzeldarstellungen enthält, nicht nach dem Bautyp zwischen Villa und städtischem Wohnhaus, sondern nach ihrer Lage in oder ausserhalb der Stadt.
Städtische Wohnhäuser (bei denen es sich nach obiger Definition um Villen handelt): Haus Martin Bodmer-von Muralt, Thalgassse 79, 1856–1859 von Ferdinand Stadler («Die Hauptfassade lehnt sich an die Bibliothek des Sansovino in Venedig an»);[9] Haus zum Windegg, In Gassen 24, 1868–1870 von Ferdinand Stadler;[10] Haus Cäsar Schöller, Zeltweg 34, 1884/85 von Albert Müller;[11] Haus Chiodera, Rämistrasse 50, 1897 von Alfred Chiodera;[12] Palais Henneberg, General Guisan-Quai, 1896–1900 von Emil Schmid-Kerez[13].
Villen (unter anderen): Villa Patumbah, Zollikerstrasse 128, 1883–1885 von Alfred Chiodera und Theophil Tschudi;[14] Villa Zollikerstrasse 32 (der Bauherr, Hermann Bleuler, wird nicht genannt), 1885–1888 von Alfred Friedrich Bluntschli;[15] Villa Wegmann-Schoch, Kreuzbühl, 1887–1889 von Alfred Friedrich Bluntschli; Villa Paracelsus (eigentlich Kombination Augenklinik/Wohnhaus), Seefeldquai 49, 1895/96 von Chiodera und Tschudi[16].
Diese Zusammenstellung gibt möglicherweise einen Eindruck davon, welche Villenbauten damals als architektonisch wertvoll gegolten haben.

Gottfried Semper (1803–1879).
Gottfried Semper: Villa Rosa, Dresden, 1838/39, Hoffassade (Aufnahme um 1930).

DIE VILLA AN DER ZOLLIKERSTRASSE 32
DER BAUHERR: HERMANN BLEULER (1837–1912)

Jedes private Gebäude wird vor allem von den beiden Persönlichkeiten geprägt, die am intensivsten mit dem Gebäude verbunden sind, von seinem Bauherrn und seinem Architekten.
Da die Persönlichkeit Hermann Bleulers Gegenstand einer eigenen Darstellung ist, soll hier nur auf die Aspekte hingewiesen werden, die für seine Beziehung zum Architekten Alfred Friedrich Bluntschli von Interesse sind.
Bleuler, einer der sieben ersten Absolventen des Maschineningenieur-Studiums am

neugegründeten Polytechnikum und Instruktionsoffizier der Artillerie, wurde am 11. November 1881 Mitglied des Schweizerischen Schulrates, des höchsten Leitungsorgans des damaligen Polytechnikums. Nach dem Tode Alfred Eschers am 6. Dezember 1882 rückte er als Vizepräsident des Schulrates nach.[17]
Im Jahre seiner Wahl in den Schulrat «1881 [...] wurden der seit Sempers Abgang in ihrem Ruf etwas gesunkenen [Architektur-] Abteilung frische Kräfte zugeführt in einem hervorragenden Schüler Sempers, Friedrich Bluntschli von Zürich (geb. 1842, diplomierter Architekt des eidgenössischen Polytechnikums 1863), dem Schöpfer zahlreicher Monumentalbauten in Frankfurt und anderen deutschen Städten. [...]»[18]
Es dürfte einleuchten, dass dies dem neuen Schulratsmitglied in deutlicher Erinnerung blieb, zumal der Schulrat in dieser Zeit immer wieder mit Baufragen beschäftigt war: 1879 hatte sich Zürich von der Bundesbauverpflichtung freigekauft. Das alte Chemiegebäude Sempers an der Rämistrasse (an der Stelle des heutigen Eingangshofs) fiel damit an Zürich. Die nun notwendigen Ausbaupläne für die Bereiche Chemie und Physik (Universitätsstrasse und Gloriastrasse) verfassten die damaligen Architekturprofessoren Bluntschli und Georg Lasius. Am 20. Oktober 1888 starb Schulratspräsident Johann Karl Kappeler zweiundsiebzigjährig. Hermann Bleuler bekleidete als Nachfolger vom 28. November 1888 bis zum 30. März 1905 das Amt des Schulratspräsidenten. Unterdessen 'kletterte' Bleuler in der militärischen Hierarchie: 1871 zum Artillerie-Obersten ernannt, übernahm er 1883 das Kommando der 6. Division, 1891 dasjenige des neugeschaffenen III. Korps. Er hatte es bis 1904 inne.[19] 1905 übernahm Dr. Robert Gnehm seine Nachfolge als Schulratspräsident. Bleuler wurde «wegen angegriffener Gesundheit» wieder einfaches Schulratsmitglied. Er starb am 7. Februar 1912.
Diese recht nüchterne Auflistung der Ereignisse während der Amtszeit Bleulers als Schulratsmitglied und -präsident zeigt wohl deutlich, weshalb sich Bleuler gerade Bluntschli als Architekten seiner Villa in seinem Heimatort Riesbach auswählte und nicht – zum Beispiel – einen gleichaltrigen wie Adolf Brunner (1836–1909): Die beruflichen Kontakte zwischen Bleuler und Bluntschli waren eng, und Bluntschli, der Spross aus der Stadtzürcher Aristokratie, war als Retter der Architektur ans Polytechnikum geholt worden und genoss dort und im ganzen Land hohes Ansehen, das auch jenes des Schulratsvizepräsidenten, seines Bauherrn, stützte.

Alfred Friedrich Bluntschli (1842–1930).
Villa Heyl, Worms, 1883, Ansicht vom Garten aus.

DER ARCHITEKT: ALFRED FRIEDRICH BLUNTSCHLI (1842–1930)

Bluntschli wurde am 29. Januar 1842 als Sohn des damaligen Regierungsrates des Kantons Zürich, Staatsrechtler und Haupt der liberal-konservativen Partei Johann Kaspar Bluntschli (1808–1881), und als Bruder des späteren Artillerieobersten (und als Waffenchef Nachfolger Hermann Bleulers) Friedrich Carl Bluntschli (1834–1907) in grossbürgerliche Verhältnisse hineingeboren. Da sein Vater 1848 Professor für Staatsrecht in München und 1861 Professor für Staatswissenschaften in Heidelberg geworden war, wuchs Alfred Friedrich in Deutschland auf. Nach seinem Abitur begann er 1860 das Bauingenieurstudium am Eidgenössischen Polytechnikum, wechselte aber schon im zweiten Semester zur Architekturabteilung und wurde dort der weitaus am besten benotete Schüler Gottfried Sempers. In seiner Diplomarbeit «Kunstmuseum» 1863 kritisierte er deutlich Sempers Gemäldegalerie in Dresden und schloss (trotzdem) mit der Bestnote ab. 1864 besuchte er in der Ecole des Beaux-Arts in Paris die Klasse von Charles Auguste Questel. 1870 bis 1881 führte er, nach einem Zwischenspiel im elterlichen Heidelberg, in Frankfurt am Main ein Architekturbüro zusammen mit seinem ehemaligen Studienkollegen Jonas Mylius. Seine Wahl zum eigentlichen Nachfolger Gottfried Sempers (Sempers Assistenten Julius Stadler und Georg Lasius hatten in der Zwischenzeit gewirkt) beendete diese Zusammenarbeit. Erst 1926 trat Bluntschli von seiner Professur zurück. Er starb 1930 achtundachtzigjährig in Zürich. Bis zuletzt hatte er darauf gedrungen, dass die Lehren Gottfried Sempers hochgehalten wurden. Wie für alle anderen Schüler Sempers blieb dieser auch für ihn lebenslang Leit- und Vaterfigur. Diese Gemeinsamkeit schmiedete sie alle zusammen und sorgte für ihre gegenseitige Förderung, was sich zwischen 1885 und 1895 zu einem eigentlichen Berufsmonopol in der Schweiz entwickelte. In diese Zeit fielen die wichtigsten Arbeiten Bluntschlis und seine interessantesten Preisrichtermandate in Architekturwettbewerben (siehe Tabelle S. 39).

Anlage des Hauses:
Beziehungen nach aussen

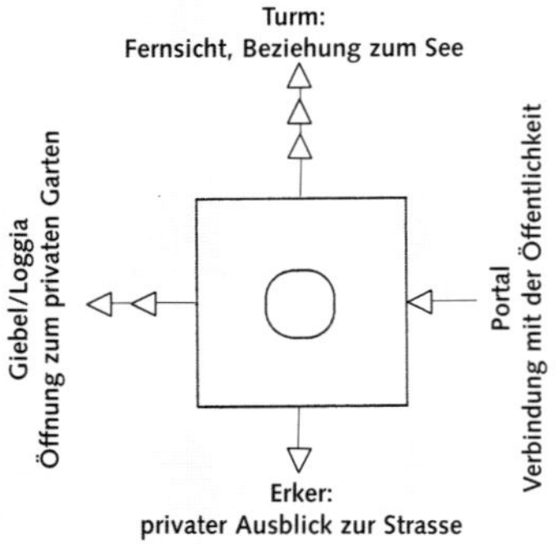

Anlage der Halle:
Selbstinszenierung nach innen

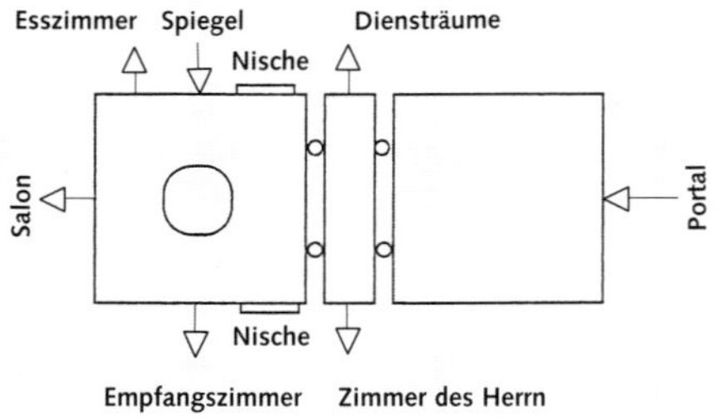

DEM ARCHITEKTEN ÜBER DIE SCHULTER GEBLICKT: VERSUCH EINER ANALYSE

1884 – der erste grosse Bauauftrag in der Schweiz, und erst noch vergeben vom wichtigsten Vertreter des Arbeitgebers (wenn man vom damals greisen Schulratspräsidenten Kappeler – er starb 1888 – absieht). Welche Chance!

Natürlich liess sich der Professor beim Entwerfen wieder von den Lehren und Vorbildern Sempers leiten. Dazu gehörte eine gründliche Klärung der planerischen Ausgangslage – eine Analyse, wie wir heute sagen würden – und die Suche nach den für die Aufgabe würdigsten Architekturformen. Dass diese in der Renaissance des 16. Jahrhunderts zu finden seien, stand für Bluntschli gewiss schon zum voraus fest.

Zur Klärung der Ausgangslage gehörte auch eine 'Kritik' des damaligen Bestandes an Villenbauten in und um Zürich. Die vornehmste war sicher immer noch Leonhard Zeugheers Villa Wesendonck, die Oberst Rieter 1871 gekauft hatte. Zur Zeit waren aber auch Albert Müllers Villa Schöller am Zeltweg und Chiodera und Tschudis Villa Patumbah, etwas weiter draussen an der Zollikerstrasse, im Bau.

Sowohl Müller als auch Tschudi waren ebenfalls Semper-Schüler. Mit ihnen galt es zu konkurrenzieren, sie zu übertreffen. Daneben hiess es natürlich, die höchst respektable Reihe eigener Schloss- und Villenbauten würdig fortzusetzen, besonders nach der Vollendung der Villa Heyl in Worms 1883.

In dieser durch die äusseren Umstände wohl zu definierenden 'inneren' Situation bediente sich Bluntschli Semperscher Motive, die damals allen Gebildeten verständlich waren: – die seit dem Projekt zum Zwingerforum in Dresden 1836 bewunderte Gewichtssymmetrie; – die seit der Villa Rosa immer wieder verwendete innere Organisation eines Hauses über einen Zentralraum; – das Atrium (verstanden als Innenraum mit offenem Himmel); – die die Architektur erklärende Polychromie.

Um Semperschen Vorbildern – etwa der Villa Rosa – klarer folgen zu können, fehlte eine topographische Voraussetzung: Auf dem Areal mangelte es an Platz für eine Vorfahrt zwischen Strasse, Haus und Garten: Die Auffahrt musste neben das Haus gelegt werden. Darüber hinaus konnte die Aussichtsrichtung nicht eindeutig bestimmt werden: Damals fehlten die hohen Bäume im Park noch. So war der Blick sowohl nach Südosten, der Zollikerstrasse entlang, als auch nach Südwesten über die Feldeggstrasse hinweg frei, lag also etwa in der Diagonale des künftigen Hauses (siehe Schema 'Anlage des Hauses'). Wie einfach hatte es doch der Meister – Gottfried Semper – angetroffen, als er in der Villa Rosa in Dresden wie auch im Projekt für

die Villa Rieter an der Zürcher Seestrasse das Haus mit Front zur Aussicht zwischen Vorfahrt und Garten stellen konnte!
Die Organisation der Villa Bleuler zeigt eine gewisse Ähnlichkeit mit der Villa Wesendonck auf der gegenüberliegenden Seeseite, wo Zeugheer – beeindruckt von der Genfer Villa Bartholoni – die Hauptfassade nach Süden, also nicht zum See hin, orientierte. Die aufwendige Vorfahrt kam deshalb dort zwar gegenüber der Seefassade, aber neben die loggiengeschmückte Hauptfassade zu liegen.
Chiodera und Tschudi konnten das Problem der Zufahrt zur Villa Patumbah als Beginn der Abfolge Vorfahrt - Wohnhaus - Park (und Aussicht) auch nur dadurch lösen, dass sie den Zufahrtshof mit einem Verbindungsgang zwischen Wohnbau und Stallung abschlossen und das Wohngebäude allein nach Westen orientierten.[20] Aber auch so wurde der Vorhof zu kurz für eine ganze Kehre einer Kutsche; er besitzt ein Aus- und ein Einfahrtstor und ein Personenportal in ihrer Mitte.
Bluntschli hatte sich zum Ziel gesetzt, diese komplizierte Ausgangslage zu nutzen. Jeder andere hätte darin einen Wink gesehen, mit einer 'Burg' in gotischen Formen über solche Schwierigkeiten hinwegzugehen. Er aber nahm die Herausforderung an. Er machte die strassenparallele Front zur Nebenfront und organisierte die Wohn- und Diensträume frei um eine sehr disziplinierte Vertikalverbindungs- und Verkehrszone herum, deren Richtung nicht von der Strasse weg, sondern parallel zu ihr führte (siehe Schema 'Anlage der Halle'). Damit vergab er zwar die zum See gerichtete Front als Hauptfront, konnte aber die einzelnen Bauteile deutlicher sprechen lassen.
Diese Disziplin und die Umsetzung der Lage- und Repräsentationsbedürfnisse des Hauses lassen den Betrachter und Benutzer das Gebäude nicht mehr in 'Fassaden' verstehen, sondern in Motiven begreifen: Da ist zunächst der möglichst polychrom gefasste Baukörper: Hausteinsockel, Sichtbacksteinfassaden, Sgraffito-Grotesken an der Dachuntersicht und am Kniestock des Dachgeschosses sowie am Gesims des Obergeschosses, pompejanische Malereien am Gewölbe des Portikus und an der Rückwand der Loggia vor dem grossen Salon, bunte Ornamente, Fenstereinfassungen, Loggien, Türgewände etc. aus Naturstein, Schmiedeisengeländer... Überall zeigt sich Bluntschli als treuer Verfechter der Polychromie – nicht nur im Innern, wo der Unterhalt dieser Malereien ein bedeutend weniger kostspieliges Unterfangen ist, sondern auch an den der Witterung ausgesetzten Bauteilen des Äusseren.
Da sind die stilistischen Verweise auf die architekturhistorische Wurzel der Villenarchitektur, auf die Villen des italienischen Cinquecento: beispielsweise der strassenseitige Erker mit seiner Serliana, der Turm mit den Obelisken auf der Dachbrüstung, die Fensterädikulä etc. Diese Verweise sind darüber hinaus auch Verbeugungen vor Sempers liebstem Formkanon und damit auch ein Hinweis auf den Bauherrn, damals zweithöchster Repräsentant des Polytechnikums in Zürich, dessen Formenrepertoire hier übernommen wird.
Da ist ein Baukörper wie eine Plastik gebildet: Von der Nordecke ausgehend, wird er auf beiden Seiten zunehmend reicher. Der Reichtum steigert sich bis zur Südecke, wo sich die Architekturmotive gegenseitig zu überbieten scheinen. Von der Freitreppe mit dem Springbrunnen über den Erker des Esszimmers und die doppelgeschossigen Loggien zu beiden Seiten bis zum Giebel über der Südwestfront und zum Turm, in den die Zinne mündet. Der Reichtum ist so gross, dass jedermann die zurückhaltenden Zitate Semperscher Werke vergisst: Der Springbrunnen am Gartenaustritt stellt eine Verbeugung vor der Gartenfassade der Villa Rosa dar. Der Turm mit der Pergola,

Deckenmalerei in pompejanischem Stil im Treppenhaus der Villa Bleuler.

die auf ihn zuführt, verweist auf Sempers Sternwarte und ihren Hauptzugang. Die kreisrunde Vorfahrt mit der dieser im Innern entsprechenden doppelgeschossigen Zentralhalle war des Meisters Lieblingsmotiv, das, vom Zwingerforum herkommend, erstmals in der Villa Rosa in einem Wohnbau Sempers auftauchte und von dort auch in beide Rieterprojekte von 1864 einging. Sempers Theorie vom Herd als Altar und von den aus den Naturelementen geborenen Elementen der Baukunst findet in der inneren Organisation des Hauses ihren Widerhall: Die doppelstöckige Halle, an das Atrium mit dem Regenwasser sammelnden Pluvium erinnernd, und die Küche, der Ort des Herds mit seinem 'ewigen' Feuer, bilden zusammen, auch von aussen an der Zinnenbalustrade sichtbar, das Zentrum des Hauses, um das sich die u-förmige Zone der Wohn- und Serviceräume legt. Selbstredend enthält dieser Kern auch die eigentliche Vertikalverbindung des Hauses, die Diensttreppe, die als einzige alle Stockwerke des Hauses verbindet und unten im Turm in die Pergola zur Feldeggstrasse mündet. An diese Kernzone angegliedert finden wir auch das Heizungskamin und die Entwässerung von Toiletten, Küche und Bad.

Damit ergibt sich schon im Grundriss eine fast unüberschaubare Überlagerung von Transparenzen und Symmetriesystemen: Da ist einmal das scheinbar wichtige Achsenkreuz im doppelstöckigen Zentralraum, das an den Fassaden zur Strasse und zur Vorfahrt, aber ebenso im Turm auch äusserlich in Erscheinung tritt. Dieses wird von Zonen überlagert wie die 'Wasser- und Feuerzone', die sich aussen in der Zinnenbalustrade zu erkennen gibt, oder die Austrittszone entlang der Längsachse des Speisesaals, die aussen durch den Springbrunnen markiert wird, zu der dank der Symmetrien beide Loggien, jene vor dem Salon und jene auf der Südwestseite, gehören.

Am interessantesten wird aber bei eingehender Betrachtung, dass die Hauptachse zwischen Portal und Salon im Salon quasi steckenbleibt. Dies unterstreicht die Bedeutung der Zone mit Turm und zentraler Halle: Sie bildet nämlich den Hintergrund zur Austrittszone, die – wenn auch nicht exakt symmetrisch – von dieser 'Rückendeckung' ausgeht.

Solche Überlegungen führen von scheinbar so unspektakulären Bauten wie dieser Villa direkt in die architektonische Zukunft: De Stijl, Le Corbusier....

Die Anlage weist aber auch zurück zum berühmten und so oft überinterpretierten Satz Sempers: «Nur einen Herrn kennt die Kunst, das Bedürfnis.»

Bundeshauswettbewerb, Bern, 1885, 1. Preis, Ansicht vom Dalmazi-Quai aus.
Villa Wegmann-Schoch, Zürich, 1886–1890, Aufriss Westfassade.

EINE BEMERKUNG ZUM SCHLUSS

Um 1970 wollten die damaligen Besitzer des Anwesens den Park mit Luxuswohnungen überbauen lassen. Für eine Baubewilligung war unter anderem ein Gutachten der Denkmalpflegekommission der Stadt Zürich notwendig. Während der Ortsbesichtigung durch die Gesamtkommission zeigte deren Präsident, Stadtrat Edwin Frech, auf die Baumgruppe unterhalb der Villa und fragte seinen Direktionssekretär, ob denn diese Baumgruppe kein 'Wald' sei...?

Das zuständige Forstamt stellte in der Folge fest, dass es sich bei dieser Baumgruppe tatsächlich um einen Wald im Sinne des Eidgenössischen Forstgesetzes handle. Dieses bestimmt unter anderem, dass zwischen der Waldgrenze und neuen Gebäuden eine Distanz von 30 Metern eingehalten werden müsse. Damit wurde die Überbauung des Gartens unmöglich.

Die zündende Idee Stadtrat Frechs hat viel dazu beigetragen, dass die Villa und ihr Park heute noch bestehen.

Anmerkungen

1 Bruno Carl: Klassizismus 1770–1860 (Die Architektur der Schweiz [1]), Zürich: Verlag Berichthaus, 1963, Abb. 76–79.
2 Ebd., Abb. 99.
3 Ebd., Abb. 129.
4 Ebd., Abb. 104.
5 Ebd., Abb. 136.
6 Ebd., Abb. 134–135.
7 Ebd., S. 14, 92, 107.
8 Staatliche Kunstsammlungen Dresden / Institut für Denkmalpflege, Arbeitsstelle Dresden (Hrsg.), Gottfried Semper 1803–1879, Kat. Ausst., Albertinum, Dresden, 1979 (Fribourg: Office du Livre / München: Callwey, 1980), S.248, Abb.488.
9 Festschrift zur Feier des fünfzigjährigen Bestehens des Eidg. Polytechnikums, Zürich 1905, Bd. 2: Die bauliche Entwicklung Zürichs in Einzeldarstellungen, verfasst von Mitgliedern des Zürcher Ingenieur- und Architektenvereins, S. 418, mit Abb.
10 Ebd., S. 419–420, mit Abb.
11 Ebd., S. 422–423, mit Abb.
12 Ebd., S. 428–429, mit Abb.
13 Ebd., S. 429–430, mit Abb.
14 Ebd., S. 434, mit Abb.
15 Ebd., S. 435, mit Abb.
16 Ebd., S. 437, mit Abb.
17 Festschrift zur Feier des fünfzigjährigen Bestehens des Eidg. Polytechnikums, Zürich 1905, Bd. 1: Geschichte der Gründung des Eidg. Polytechnikums mit einer Übersicht seiner Entwickelung 1855–1905, verfasst im Auftrage des Schweiz. Schulrates von Wilhelm Oechsli, S. 338.
18 Ebd., S. 341.
19 Historisch-biographisches Lexikon der Schweiz, Bd. 2, Neuenburg 1924, S. 274.
20 Festschrift, Bd. 2 (wie Anm. 9), Abb. S. 434.

Literatur

– Bruno Carl: Klassizismus 1770–1860 (Die Architektur der Schweiz [1]), Zürich: Verlag Berichthaus, 1963

– Festschrift zur Feier des fünfzigjährigen Bestehens des Eidg. Polytechnikums, Zürich 1905
Bd. 1: Geschichte der Gründung des Eidg. Polytechnikums mit einer Übersicht seiner Entwickelung 1855–1905, verfasst im Auftrage des Schweiz. Schulrates von Wilhelm Oechsli
Bd. 2: Die bauliche Entwicklung Zürichs in Einzeldarstellungen, verfasst von Mitgliedern des Zürcher Ingenieur- und Architektenvereins

– Martin Fröhlich: Gottfried Semper. Zeichnerischer Nachlass an der ETH Zürich. Kritischer Katalog (Institut für Geschichte und Theorie der Architektur an der ETH, gta, Bd. 14), Basel u.a.O.: Birkhäuser, 1974

– Martin Fröhlich: Gottfried Semper als Entwerfer und Entwurfslehrer (Materialien zur Entwurfslehre im 19. Jahrhundert aus dem Zürcher Semper-Archiv), Diss. ETH Zürich, 1974

– Paul Hofer u.a.: Kat. Ausst. Die Präsenz Palladios in der Schweizer Architektur, Institut für Geschichte und Theorie der Architektur an der ETH Zürich (gta), 1975/76

– Andreas Ley: Villa als Burg, München: Callwey, 1981

– Heinz Ronner u.a.: Arbeitsberichte der Architekturabteilung A 11, Die Bauschule am Eidg. Polytechnikum 1855–1915, Zürich 1971

– Colin Rowe, Robert Slutzky, Bernhard Hoesli: Transparenz (Institut für Geschichte und Theorie der Architektur an der ETH Zürich, gta, Bd. 4), Basel und Stuttgart: Birkhäuser, 1968

– Renate Wagner-Rieger und Walter Krause (Hrsg.): Historismus und Schlossbau, München: Prestel, 1975

Kirche Enge, Zürich, 1887–1894, Aufriss Hauptfassade.

Bauten und Projekte von Alfred Friedrich Bluntschli

Vor dem Bau der Villa Bleuler:	
1867/68	Haus der Eltern, Heidelberg (Büro Mylius und Bluntschli)
1872	Wettbewerb Reichstag Berlin I, ein 1. Preis
1874–76	Schloss Holzhausen bei Frankfurt a.M. (Büro Mylius und Bluntschli)
1880/81	Schloss Langenzell bei Heidelberg (Büro Mylius und Bluntschli)
1882	Wettbewerb Reichstag Berlin II, 2. Preis
1881,1883	Villa Heyl, Worms

Zur Zeit der Villa Bleuler:	
1885	Projekt Bundeshauserweiterung, Bern
1886	Parkvilla Rieter, Zürich-Enge

Nach dem Bau der Villa Bleuler:	
1886–90	Villa Wegmann-Schoch, Zürich, Kreuzbühl
1887–94	Kirche Enge, Zürich
1895/96	Villa Stehli-Hirt, Zürich, Utoquai
1897 ff.	Entwürfe Tonhalleareal, Zürich

1884–1888 Villa Bleuler

Pläne von Alfred Friedrich Bluntschli, um 1884:
Villa Bleuler, Ansicht gegen die alte Landstrasse,
heute Zollikerstrasse.
Grundriss Erdgeschoss.

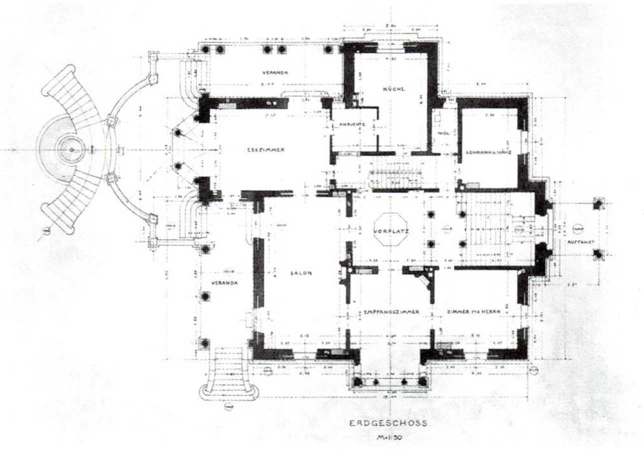

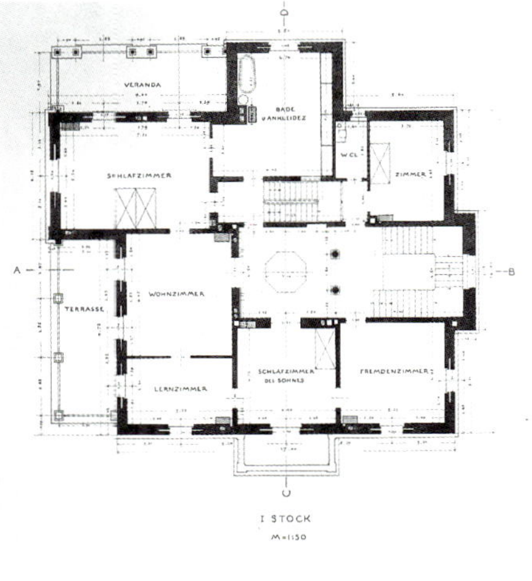

Villa Bleuler, Gartenfassade.
Grundriss 1. Obergeschoss.

Pläne von Alfred Friedrich Bluntschli, um 1884:
Villa Bleuler, Ansicht gegen die Feldeggstrasse.
Schnitt A–B.
Gottfried Semper: Sternwarte, Zürich, 1862–1864.

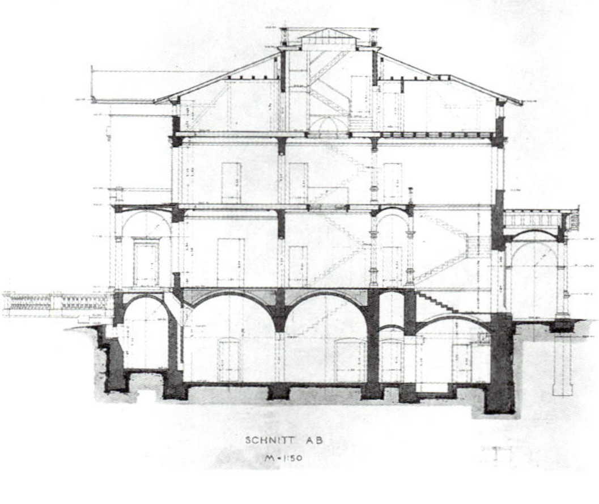

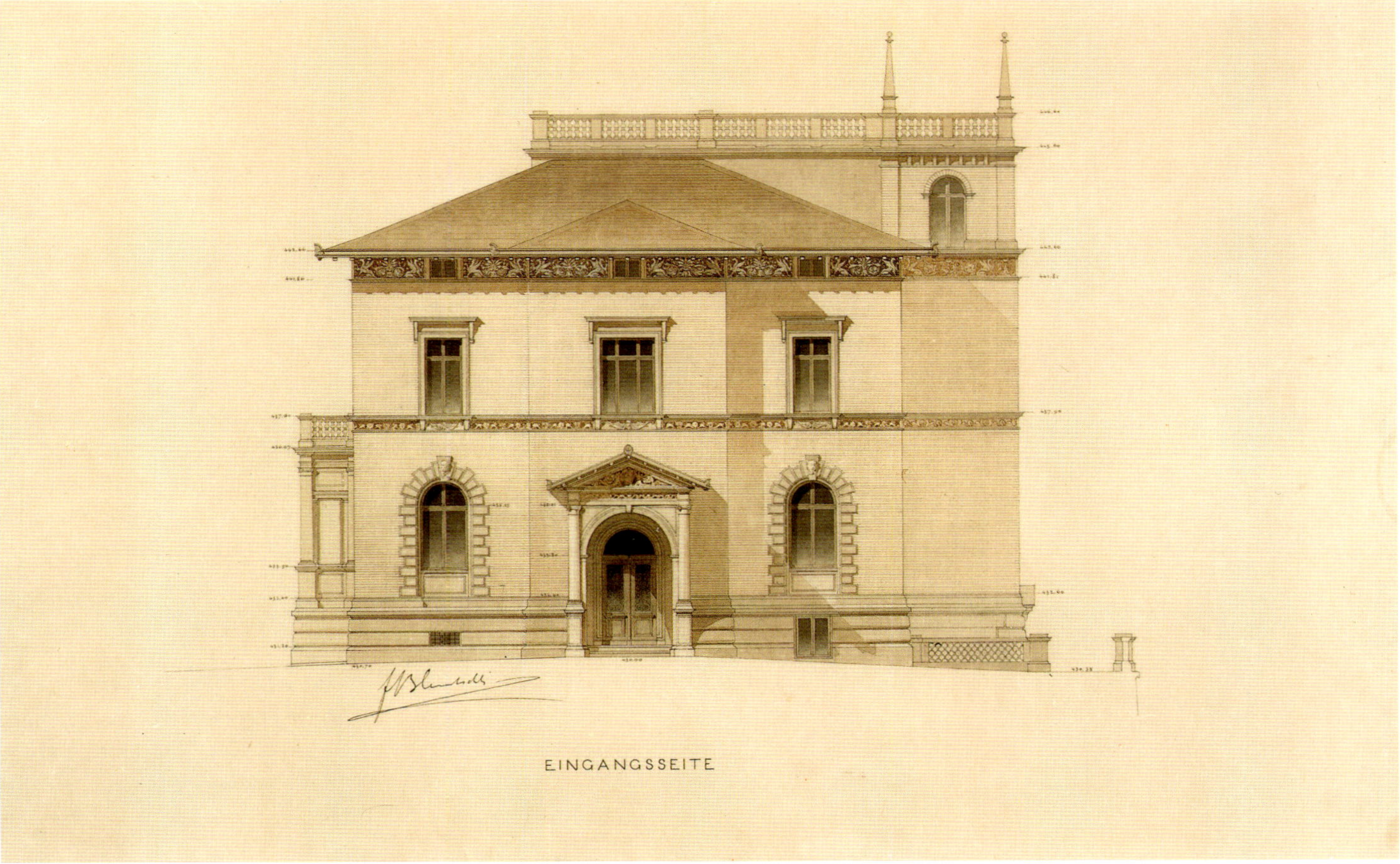

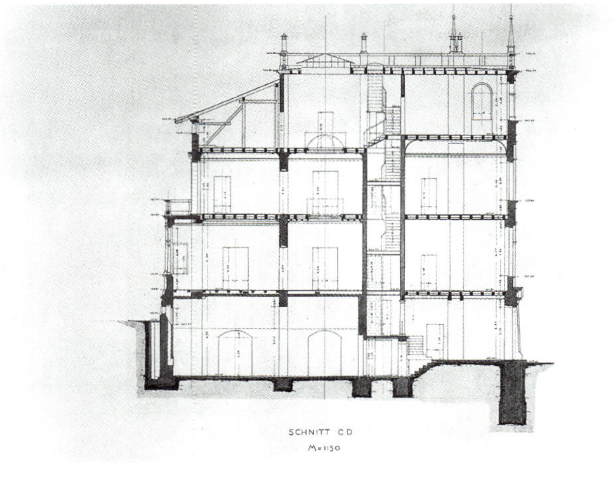

Villa Bleuler, Eingangsfassade.
Schnitt C–D.

Der Garten der Villa Bleuler

Guido Hager

Viele der im 19. Jahrhundert entstandenen Villengärten sind heute parzelliert, überbaut oder verwildert. Wenige blieben uns erhalten. Ein besonders interessantes Beispiel ist der Garten der Villa Bleuler. Auch er sollte überbaut werden. Doch die Stadt Zürich hat Villa und Garten 1971 unter Schutz gestellt und das beinahe 7'000 m^2 grosse Anwesen 1983 gekauft. Seit 1986 wird vom Verfasser im Auftrag des Gartenbauamtes ein Parkpflegewerk erarbeitet.[1] Nach hektischen Jahren der Planung, Projektierung und Sanierung kehrt nun langsam wieder Ruhe in den Garten ein.

Ansicht von Südosten um 1890. Viele Kübelpflanzen ergänzten die Stauden und Blütensträucher vor der Fassade, im Gegensatz zur zurückhaltenden, teils immergrünen Gehölzkulisse um den Rasen.
Ansicht von Südosten 1994: Die Bäume haben ihren Höhepunkt erreicht.

ENTSTEHUNGSGESCHICHTE

Das Konzept der zwischen 1885 und 1888 entstandenen späthistoristischen Gartenanlage im landschaftlichen Stil mit architektonischen Partien bei der Villa stammt vom Architekten Alfred Friedrich Bluntschli (1842–1930).[2] Die Ausführung besorgte die Gartenbaufirma Froebel unter Anleitung der damals gemeinsam tätigen Gartenarchitekten Otto Froebel (1844–1906)[3] und Evariste Mertens (1846–1907)[4]. Für den Unterhalt wurde Mertens nachweislich bis 1901 zugezogen.[5] Die Besitzer des Anwesens von 1902 bis 1983, die Familie Abegg-Stockar, bewohnte in den ersten Jahren die Villa ganzjährig, später nur noch im Winter. Den Gartenunterhalt besorgte der Gärtner August Kenner, in der Folge sein Sohn Ernst Kenner.
Verschiedene Fotos zeigen die hausnahen Partien in den ersten Jahren nach der Fertigstellung. Originale Ausführungspläne, Pflanzenlisten und Fotos der hausabgewandten Partien konnten nicht gefunden werden. Umbauten im Zusammenhang mit dem Handwechsel sind nur im Bereich des 1912 erstellten Ökonomiegebäudes bekannt. Die Veränderungen der vergangenen Jahrzehnte können anhand der Auskünfte von Ernst Kenner gut nachvollzogen werden. Schliesslich existiert der Garten selber als der wohl wertvollste Zeuge. Die Topographie, die Vegetation sowie die Baumaterialien lassen ansonsten nicht dokumentierbare Partien vermuten.
Der Garten der Villa Bleuler ist aufgrund seiner Autorschaft, der hervorragenden Gestaltung, seiner Bedeutung im Quartier und durch die authentisch erhaltene Substanz von sozialgeschichtlichem, kultur- und kunsthistorischem Wert. Von grosser Bedeutung ist die weitgehend authentisch erhaltene Substanz. Die Gartenräume erscheinen jedoch heute völlig anders als früher mit den nunmehr ausgewachsenen Gehölzen: Der Garten ist kein statisches Gebilde.

GARTENBESCHREIBUNG

Das Grundstück liegt auf der Südflanke der rechten Seitenmoräne des Zürichsees im stark durchgrünten Villenquartier Riesbach.[6] Es bildet den Auftakt, vom Kreuzplatz her kommend, zu einer ganzen Abfolge von Villengärten entlang der Zollikerstrasse. Zur Strasse hin wird der Garten mit aufwendigem Gitterwerk begrenzt, zu den Nachbargärten mit einfachen Zäunen.
Ein prachtvoll geschmiedetes Portal führt zur Vorfahrt mit dem Rasenrondell, das von einer bis sieben Meter hohen Mauer gestützt wird. Ausgewachsene Eiben, Buschwerk und Stauden umfassen das Rondell: Der helle Gartenraum vermittelt zwischen der dunklen Zollikerstrasse und dem Portikus.
Der bequeme Weg auf der Nordostseite führt zum Hauptgarten. Die fein modellierte Rasenfläche liegt, kulissenartig umrahmt von Eiben, Scheinzypressen und Laubbäumen, vor der asymmetrischen Südostfassade mit der aus der Mitte gerückten Brunnenanlage. Verschiedenartige Staudenrabatten setzen Akzente beim Haus und vor

Gehölzgruppen. Rundwege führen durch den Garten zu entfernten Sitzplätzen. Die Südwestseite wird von der pergolaüberdeckten Treppe geprägt. Diese architektonische Gartenpartie erscheint als städtebauliche Geste: Südwestfassade mit Pergola und Stützmauer bilden eine Front.
Anders als in benachbarten Gärten eröffnen sich während dem Rundgang weder Blicke auf Erker und Giebel von Nachbargebäuden (wie zum Beispiel an der Neumünsterallee 12–14 von Otto Froebel, 1899) noch warten vielfältige Gartenarchitekturen und Gartenthemen auf (wie im Garten der Villa Patumbah, Zollikerstrasse 128, von Evariste Mertens, 1890). Die gestalterische Qualität liegt ganz in der wechselseitigen Beziehung zwischen der Villa und dem Garten. Sie schafft eine formale Einheit. Der Spaziergang durch den Garten wird zu einer abwechslungsreichen Begegnung mit der Villa, die teilweise durch Buschwerk abgedeckt ist, um sich in einer etwas anderen Ansicht von neuem zu präsentieren. Die geschickte Wegführung und Bepflanzung vergrössern den Raum. Durch die starken Gehölzkulissen zeigt sich der Garten als intimer Raum. Er ist aber gleichzeitig mit seinem reichen Baumbestand und der strassenraumprägenden Abgrenzung auch ein spürbarer Teil des Villenquartiers Riesbach.

IDEALPLAN

Der Idealplan für den Garten der Villa Bleuler formulierte die maximalen Forderungen für den Schutz des Denkmals durch Erhaltung oder Instandsetzung sowie die Probleme der Umnutzung. Denkmalpflegerisch optimal wäre eine private Weiternutzung gewesen, doch für die sanierungsbedürftige Liegenschaft wurde keine finanzstarke Person gefunden. Zudem musste der ehemalige Privatgarten gemäss der Abstimmung von 1983 öffentlich zugänglich werden. Mit der Übernahme der Villa durch das Schweizerische Institut für Kunstwissenschaft änderte sich die Nutzung der Villa von privat zu halböffentlich und des Gartens von privat zu öffentlich. Der Idealplan für den Garten reagierte auf die Nutzungsänderung unter Mitberücksichtigung der denkmalpflegerisch wertvollen Substanz mit gestalterischen Mitteln. Er sah vor, den hinteren Gartenteil mit einem Rankgerüst, einer hohen Abschlussmauer und einem Wasserspiel aufzuwerten. Diese im alten Garten sekundäre, extensiv gestaltete Zone sollte im neuen Garten als intensiv öffentlich genutzter Bereich auch ausgezeichnet werden. Dieser Idealplan wurde jedoch vom Gartenbauamt und der begleitenden Expertengruppe abgelehnt, da damit das Bild bewusst verändert wurde. Die Weiterbearbeitung zum ausführungsreifen Sollplan hatte zum Ziel, soweit als möglich den formal ursprünglichen Zustand zu belassen.

DER UNTERIRDISCHE EINGRIFF

Die unter dem Rasenrondell erstellte Bibliothek hat seit ihrem Bekanntwerden in Kreisen der Gartendenkmalpflege viel Staub aufgewirbelt. Die Aufgabe lautete, sich mit der gartendenkmalpflegerisch verantwortbaren Wiederherstellung nach dem Eingriff zu befassen. Eine Rekonstruktion des Rasenrondells war gefordert. Die geplante unterirdische Bibliothek war in einem ersten Projekt vollständig mit Erde überdeckt und dadurch kaschiert. Das Gespräch mit einem grösseren Fachexpertenkreis ergab, dass die unterirdische Bibliothek als zentraler Ort innerhalb des neuen Baukomplexes nicht zum unbelichteten Keller degradiert werden durfte. Sie sollte – sowohl von innen als auch von aussen – als Teil der Komposition sicht- und spürbar bleiben. Es

Rekonstruktionszeichnung der hausabgewandten Gartenseite um 1890 (es konnte keine entsprechende Abbildung gefunden werden).
Zustand 1987: ein zugewachsener, verwunschener Garten.
Ansicht gemäss Idealplan «Bleuler-Park»: weil die nutzungsbezogene Einheit von Haus und Garten aufgegeben und der Villengarten der Öffentlichkeit zugänglich gemacht werden sollte, wurde im Idealplan eine Aufwertung der hinteren Gartenpartie vorgeschlagen. Damit sollte der Garten nicht nur als 'formaler' Zeuge gerettet werden, sondern auch Zeuge sein einer lebendigen, traditionsverbundenen Gartenkultur.
(Perspektiven von K. Milkovics, 1987)

musste ein neuer Ort geschaffen werden, der den Widerspruch zwischen der Teil-Rekonstruktion des Gartens und dem unterirdischen Gebäude aufnehmen konnte. Das flache, linsenförmige Oblicht im rekonstruierten Rasenrondell und die Fenster in der hinterfangenen Stützmauer werden dieser Forderung auch aus gartendenkmalpflegerischer Sicht gerecht. Dem Verlust der authentischen Substanz wird mit einem hohen Ausführungsstandard gleichsam als Schadenminderung im materiellen wie ideellen Sinn begegnet. Das Oblicht und die Fenster sind in ihrer Spannung zur vorhandenen und rekonstruierten Substanz Faktoren der Verunsicherung, die notwendig sind, damit keine heile Welt vorgetäuscht und der Garten nicht zum nostalgischen Kitsch gemindert wird. Die gelungene Umsetzung darf jedoch nicht als Präzedenzfall für die Unterkellerung von weiteren historischen Gärten angeführt werden.

GARTENDENKMALPFLEGERISCHE SANIERUNG

Die Atmosphäre im Garten wird durch die Patina des Alters, das Moos an den dicken Stämmen, die waldartige Vegetation unter den grossen Bäumen oder die dicke, weiche Kiesschicht bestimmt. Mit der Sanierung wurden bewusst Spuren des Vergehens, eine Besonderheit des alten Gartens, erhalten. Der originale Garten und viele seiner Elemente waren noch weitgehend vorhanden. Nur jene Partien wurden saniert, die während der minimalen Pflege der letzten Jahrzehnte in arge Mitleidenschaft gezogen worden waren. Von der aufwendigen Einfriedung konnten vorerst die rostigen Portalpartien wieder funktionstüchtig gemacht werden. Die Mauern mussten zum Teil neu ausgefugt werden. Die Sandsteinbalustraden und der Holzzaun wurden gesamthaft erneuert. Das Holzwerk der Pergolen wurde vor einigen Jahren aus Sicherheitsgründen entfernt, wobei die Holzelemente der aufwendigeren Treppenpergola falscherweise verbrannt wurden.

Die ausgeführte Rekonstruktion orientiert sich bestmöglich an den vorhandenen Fotos und Plänen. Die Eiben und Buchen bilden den pflanzlichen Schwerpunkt im Garten. Die Ahorne, Linden und Tannen haben ihren Höhepunkt überschritten. Sicherungsmassnahmen sind regelmässig erforderlich, sei dies durch Entlastungsschnitt oder durch die Wegnahme ganzer Bäume. Die Hecken entlang der Grenzen werden «freiwachsend», das heisst mit der Handschere, geschnitten. Die wiederangelegten Staudenrabatten beim Eingangsrondell und um die Villa bilden den eigentlichen gärtnerischen Höhepunkt.

Den Staudenrabatten wurde bei der Bepflanzung erhöhte Aufmerksamkeit geschenkt. Sie spiegeln etwas von der früheren Üppigkeit der gärtnerischen Aufwendungen im villennahen Bereich wider, die jedoch mit grossem personellen Einsatz verbunden sind. Eigentliche Pflanzlisten oder Pflanzpläne existieren nicht. Einzig die Notizbücher von Mertens weisen einige wenige Stauden für den Garten der Villa Bleuler auf. Fotos aus der Entstehungszeit geben Hinweise, verwandte Beispiele wurden zu Rate gezogen. Die Staudenauswahl wie auch jene der Gehölze wurde nachvollziehbar aus dem vorhandenen Bestand, aus Mertens' Notizbüchern und aus Froebels Katalog von 1899 getroffen, aber auch durch neuere Sorten ergänzt. Der Charakter der ehemaligen Staudenpflanzung wurde nachempfunden, das heisst eine Vielzahl verschiedener Arten bildet in ihrer Kombination eine bunte Einheit. Im Eingangsbereich liegen die Farbtöne eher bei Gelb-Orange-Rot, im Südostteil, dem Steingarten, herrschen die Weiss-Rosa-Blau-Töne vor. Zwiebelpflanzen, Wechselflor und Topfpflanzen ergänzen in den jeweiligen Jahreszeiten das Bild.

Nordwestfassade mit Eingangsportikus und Oblicht im Rasenrondell.

Situationsplan von Alfred Friedrich Bluntschli, Juli 1884.

Anmerkungen

1 Guido Hager und Stefan Rotzler: Pflegekonzept für den Garten der Villa Bleuler, Zürich 1986/1990/1994.
2 Nachlass Alfred Friedrich Bluntschli, Institut gta – ETH Zürich.
3 Froebel-Nachlass, Mikroverfilmung im Gartenbauamt der Stadt Zürich.

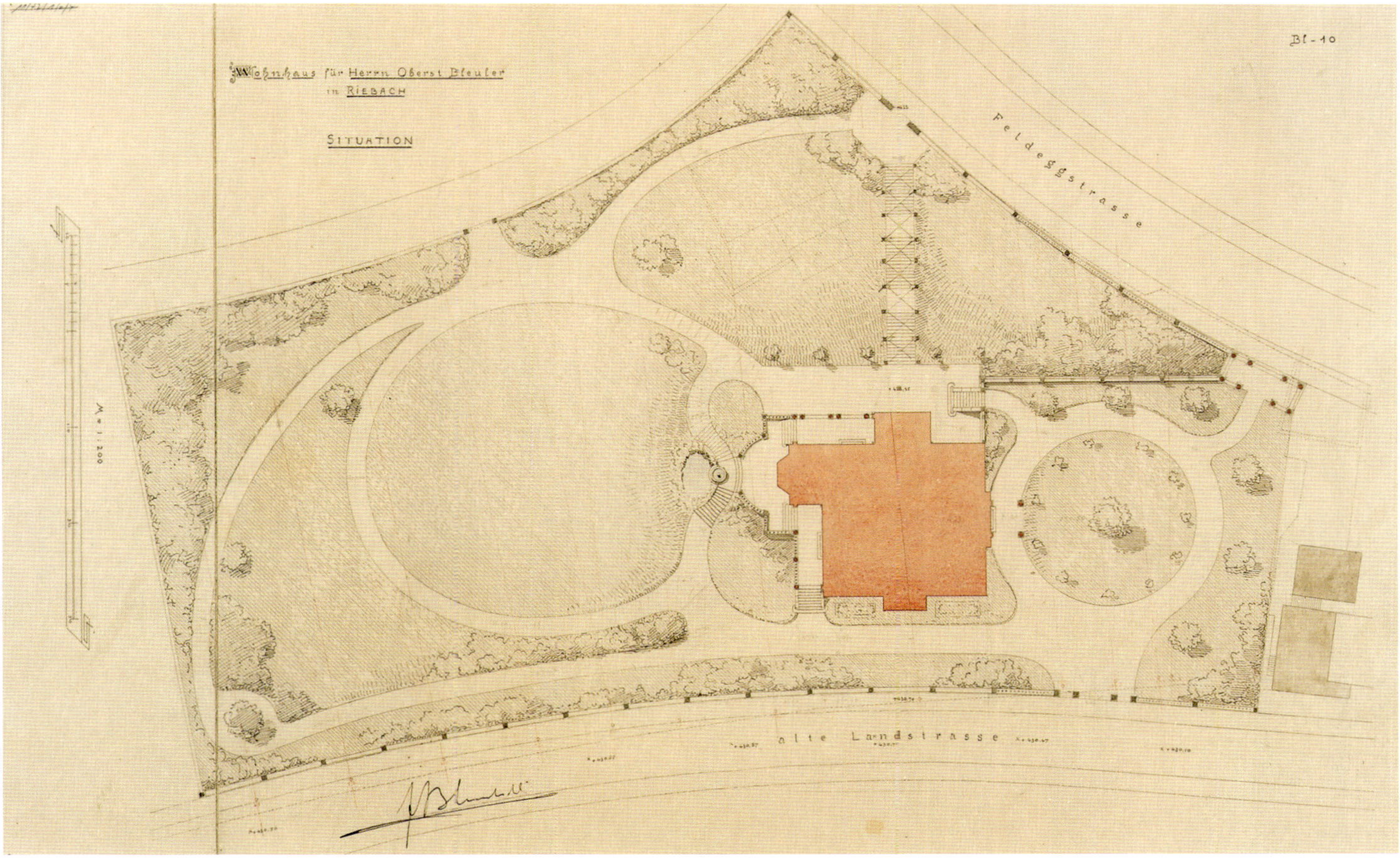

PFLEGE

Über Jahre wurde der Garten minimal unterhalten. Seit 1991 liegt die Pflege in den Händen eines eigentlichen Villengärtners des Gartenbauamtes. Dies bildet eine glückliche Voraussetzung und Notwendigkeit dafür, dass die Kontinuität gewährleistet ist. Die aufwendigen Staudenrabatten benötigen ebensoviel Fachwissen wie der, im Gegensatz zu früher, zugestandene Wildwuchs. Die pflegende Hand des einfühlsamen Gärtners vermag den Garten in jenem Zustand zu halten, der uns glauben macht, die Natur würde das alles von alleine schaffen. Damit bleibt etwas von der Sehnsucht erlebbar, die ein Garten in uns zu wecken vermag.

4 Mertens-Nachlass, Archiv für Schweizerische Gartenarchitektur und Landschaftsplanung, ITR Rapperswil (ASGL).

5 Toni Raymann und Guido Hager: Aktualisierte Stauden-Liste der Notizbücher von Evariste Mertens 1885–1906, Gartenbauamt Zürich, 1990. Vgl. dazu auch Nicole Newmark: Notizbücher von E. Mertens, in: GGK-Mitteilungen 3/86, Zürich, 1986.

6 Gärten in Riesbach, hrsg. von der Gesellschaft für Gartenkultur in Zusammenarbeit mit dem Gartenbauamt der Stadt Zürich, Zürich 1984.

Oben: Idealplan 1987 mit Aufwertung des hinteren Gartenteils mit einem Rankgerüst bis zum Eingang Feldeggstrasse. Der Gärtnereingang an der Zollikerstrasse sollte im Garten platzhaft ausgeweitet und zwei vorhandene Sitzplätze mit einer Wasserrinne verbunden werden.

Unten rechts: Die Villa beherrscht auf dem höchsten Punkt die Gartenszenerie. Die fliessende Topographie und die kulissenhaft angeordneten Scheinzypressen, Eiben und Ahorn verstärken den Tiefeneffekt.

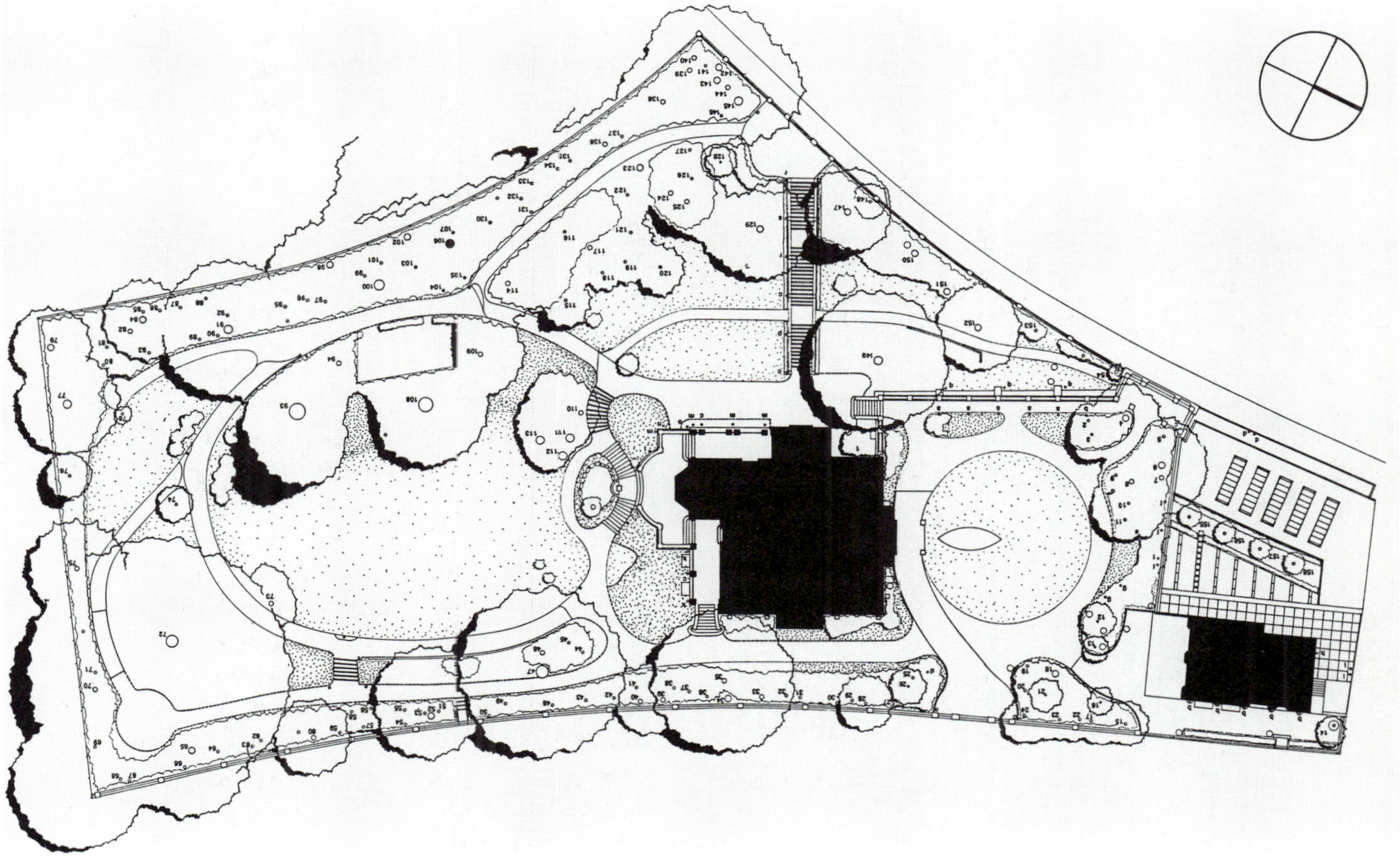

Oben: Der zur Ausführung gekommene Sollplan zeigt den Bestand und eine schrittweise Annäherung an den ursprünglichen Zustand.

Im Steingarten vor der Südostfassade herrschen die weissen, rosa und blauen Farben vor. Im Vorsommer sind die Töne fein, gegen den Herbst werden die Farben intensiv, so zum Beispiel mit Sedum telephium, Geranium platypetalum und Anemone J.-H. Rubra. Die Blattwirkung ist ebenso wichtig, etwa die aufrechten Blätter von Phormium tenax 'Purpureum' mit dem grossblättrigen einjährigen Ricinus.

Die Rabatten um das Eingangsrondell sind mit gelben, orangen und roten Stauden bepflanzt, so zum Beispiel Crocosmia crocosmiiflora und Rudbeckia f. deamii, ergänzt mit einjährigen Lantana. Die Pergola wird mit Campsis x. tagliabuana 'Mme Galen' bewachsen.

Ansicht von Süden um 1890. Bemerkenswert ist die Fülle von Gehölzen, die dem neuangelegten Garten Volumen gibt. Ein Auslichten des dichten Bestandes war vorgesehen.
Ein Entenpaar besucht regelmässig das Wasserbecken unterhalb der Terrasse. Eine Schlange wärmt sich in der Sonne zwischen den Steinbrocken der Grottenwand. Mitten in der Stadt kann der Garten paradiesische Zustände erzeugen.

Das Schutzobjekt

Andreas Jung

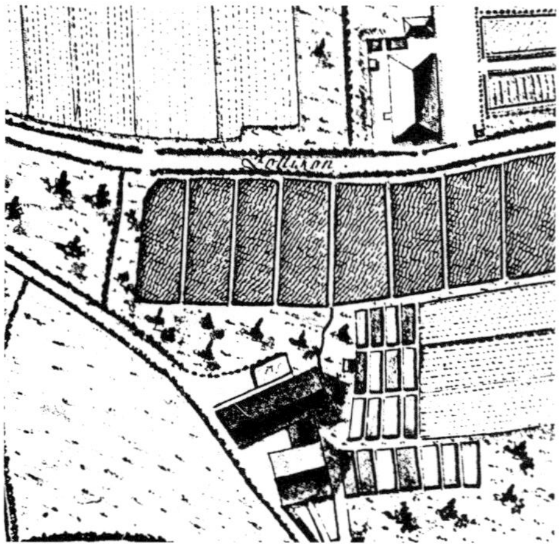

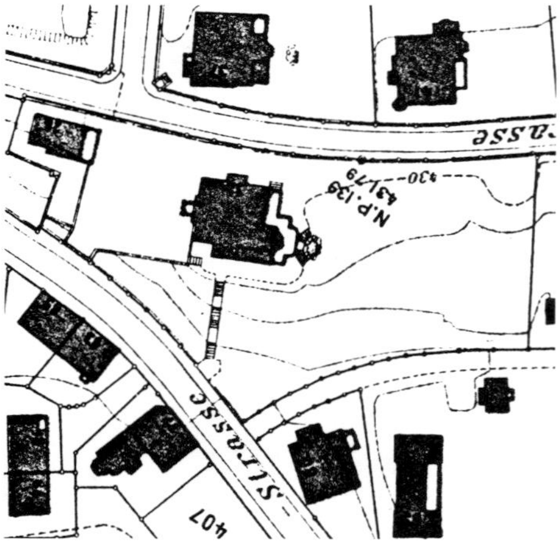

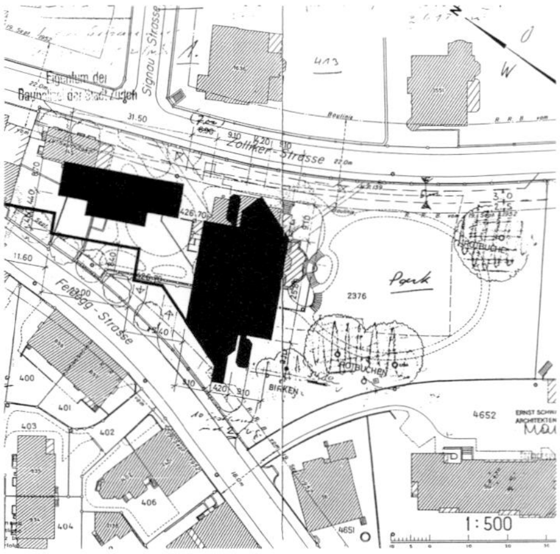

BACKSTEIN-VILLA UND AUFGETÜRMTER GARTEN

Als Baugrund hatte Professor Bluntschli 1884 einen schlichten Hang zwischen zwei alten Strassenzügen vorgefunden, der immerhin von seinen höheren Lagen freie Sicht übers Seebecken bot. Auf geniale Weise veränderte er die gegebene Topographie. Die Villa setzte er als kompakten Baukörper in den abschüssigen stadtseitigen Grundstücksdrittel. Nördlich davon errichtete er eine hohe Stützmauer und hinterfüllte sie zu einer mächtigen Geländeterrasse mit der repräsentativen Vorfahrt an der Zollikerstrasse; südseitig des Hauses liess er das Terrain jedoch natürlich gegen die Feldeggstrasse hin abfallen. Jede Gebäudeseite prägte er entsprechend den zugeordneten Aussenräumen verschieden aus. Gegen Vorfahrt und Zollikerstrasse wirkt die Villa eher verhalten, beeindruckt aber durch das feierliche Gehabe strenger Symmetrie. Dynamischer zeigt sie sich auf den abgewandten Seiten. Weit ins Tal wirkt ein wehrhaft anmutender Turm, von der Feldeggstrasse her erreichbar über eine hochgestaffelte Pergolatreppe. Dem weitläufigen vorgelagerten Garten aber öffnet sich der Bau mit luftigen Loggien und einer ausladenden Freitreppe. Einfache, ineinandergeschobene Backsteinkuben prägen das Bild der Villa. Nur wenige Schmuckelemente beleben den Baukörper, etwa umlaufende Ornamentbänder mit verschlungenen Ranken und Tieren, daneben Arkaden, Balustraden und bekrönende Pylone.

Um so fabulierfreudiger zeigt sich Bluntschli im Gebäudeinnern. Über eine Lichtkuppel fällt Tageslicht hinunter in eine zentrale zweigeschossige Eingangs- und Treppenhalle. Marmorsäulen, getäferte und quadrierte Wände tragen Deckengewölbe mit akribischen pompejanischen Malereien. Die prunkvollen Empfangsräume im Erdgeschoss weisen exquisite seidene Wandbespannungen auf, Täferungen und Einlegearbeiten sowie stuckierte oder kassettierte Decken.

Nach dem Übergang 1902 an den Seidenindustriellen Carl Abegg-Stockar blieb die Villa weitgehend unverändert. Sie erhielt aber mehr Licht durch die Vergrösserung des Hallenfensters, hellere Wandanstriche und elektrische Beleuchtung. Auf einem zugekauften, nördlich angrenzenden Grundstück wurden das Remisengebäude erstellt und ein Nutzgarten angelegt. 1943 – nach Carl Abeggs Ableben – liess die Witwe das Haus nochmals instand setzen. 1969 starb dann Frau Annie Abegg-Stockar im Alter von 101 Jahren. Damit fand die herrschaftliche Epoche des Anwesens ein Ende. Möbel wurden ausgeräumt, Vorhänge gezogen und die Tore verriegelt. Zurück blieb eine voluminöse, leere Villa. Was sollte geschehen mit dieser schnörkeligen Pracht?

HOCHHAUS IM PARK

Kein Jahr später brütete das städtische Baukollegium über einem Neubauvorhaben auf dem Gelände. Vorgesehen war ein gestaffelter zweigeschossiger Sockelbau an der Feldeggstrasse mit einer weiten Grünterrasse auf dem Niveau der Zollikerstrasse. Darüber ragte ein massiges Geschäftshochhaus mit neun Geschossen in den Himmel. Fünfgeschossig sollte das Terrain unterkellert werden und 550 Autos Platz bieten. Das Gremium erhitzte sich in der Diskussion über die Auswirkung des Turmes im Landschaftsbild, über Baumassen und Materialien, als es gewahr wurde, dass das Grundstück bereits überstellt war und beileibe nicht mit einem durchschnittlichen Bau. Abklärungen bei der Denkmalpflege ergaben, dass es sich bei der Villa Bleuler um einen epochalen Bau von Professor Alfred Friedrich Bluntschli handelt. Vergeblich bemühte sich die Stadt nun um einen Kauf. So erfolgte 1971 eine formelle Unter-

Links: Vom Rebhang über die Parklandschaft zum Bauland: die Liegenschaft um 1793 (Müller-Plan), 1915 (Stadtplan) und als Projekt 1970.

Oben: So sollte sich die Villa präsentieren: ein Spiel von schlichten, asymmetrisch ineinandergeschobenen Baukuben, gegen den Garten weit geöffnete Loggien (Ansicht von Süden, um 1884).

schutzstellung, weiterhin wurde, auf Anweisung der Gerichte, auch eine Enteignung eingeleitet.
Es interessierte sich nun ein kulturbeflissener Ingenieur, welcher für seine Firma einen neuen Sitz suchte, für die Liegenschaft. Er liess ein Projekt ausarbeiten, welches Villa und Gartenanlagen weitgehend respektierte, anstelle des Ökonomiegebäudes sowie anstelle einer mächtigen Rotbuche in der südöstlichen Grundstücksecke jedoch je einen Neubau vom Volumen der Villa plazierte; zusätzlich sollte die grosse Geländeterrasse zweigeschossig unterkellert und mittels Glasprismen an der Mauerkrone belichtet werden. Trotz der Unterstützung durch den Stadtzürcher Heimatschutz scheiterte das Projekt am Widerstand der städtischen Denkmalpflegekommission.

Nachdem die Schutzwürdigkeit der Villa Bleuler von allen Rechtsinstanzen bestätigt worden war, lenkten die Erben 1983 in einen Verkauf ein. Was aber macht eine Stadt mit einer prunkvollen Villenanlage, geschaffen für eine herrschaftliche Grossfamilie mit Gesinde, Kutscher und Gärtner? Ein derart prestigeträchtiges Objekt in öffentlichem Besitz weckt erfahrungsgemäss Begehrlichkeiten. Sei es, dass alle möglichen Kreise ihre Raumbedürfnisse befriedigen wollen oder Volksvertreter sich profilieren möchten. In Betracht gezogen wurden Nutzungen als Betreibungsamt, Suchtmittelprävention, Privatmuseum und Behindertenschule; alle diese Bewerbungen hätten aber einschneidende Eingriffe in die Bausubstanz notwendig gemacht.
Immer deutlicher kristallisierte sich heraus, dass die Stadt keinen Eigenbedarf geltend machen wollte und eine Abgabe im Baurecht an einen privaten Interessenten somit im Vordergrund stand.

ALTER GLANZ UND NEUE SACHLICHKEIT

Als sich das Schweizerische Institut für Kunstwissenschaft (SIK) 1986 nach einem neuen Domizil umsehen musste, erhielt es via Bern einen Hinweis auf die leerstehende Villa Bleuler. Abklärungen ergaben bald, dass der Gebäudekomplex den Bedürfnissen des SIK optimal entsprechen würde, allerdings mit zwei Einschränkungen: Die Liegenschaft unterlag einem hohen Wohnanteil, zudem fehlte der Raum für die Bibliothek mit dem grossen Bücherlager. Da sich jedoch niemand fand, der die weitläufige Villa zu bewohnen gedachte, hob der Stadtrat die Nutzungsbeschränkung auf. Schwerer wog die Frage des Bücherlagers. Ein geeigneter Standort schien in der künstlich angelegten Erdterrasse gefunden, welche Bluntschli gleich einem zweigeschossigen Gebäude an die Feldeggstrasse gestellt hatte – bereits mit einem Geräteraum im Mauerfuss! Das SIK hatte aber, aller Abklärungen mit zuständigen Stellen zum Trotz, die Rechnung ohne den Wirt gemacht. Gegen eine «Unterkellerung» des Rasenrondells erwuchs Widerstand, die Gesellschaft für Gartenkultur zog den Fall bis vors höchste Gericht, letztlich ohne Erfolg. Der Baurechtsvertrag konnte danach zustande kommen.

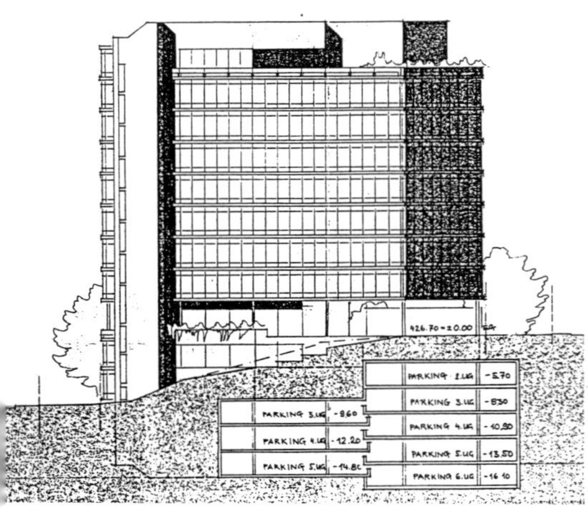

Arthur Rüegg, ETH-Professor wie seinerzeit Bluntschli, erarbeitete mit seinem Team ein ausgewogenes Umbau- und Erweiterungsprojekt. Das Konzept besticht durch Achtung vor historischer Bausubstanz wie auch durch formale Entschiedenheit bei Neubauten, insbesondere aber durch sinnfällige Verbindung bestehender und neugeschaffener Teile. Die neuen Bedürfnisse wurden mit den vorhandenen Raumstrukturen subtil in Einklang gebracht. Zwanglos nehmen Geschäftsleitung und publikumsorientierte Organe in der Villa Einsitz. Über die Halle gelangt der Besucher wie jeher

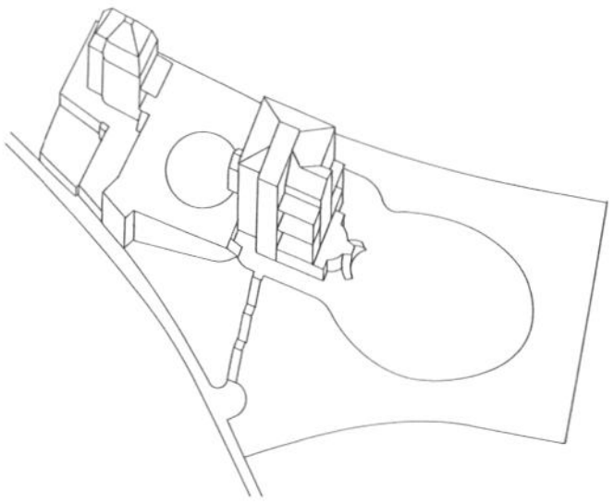

1969

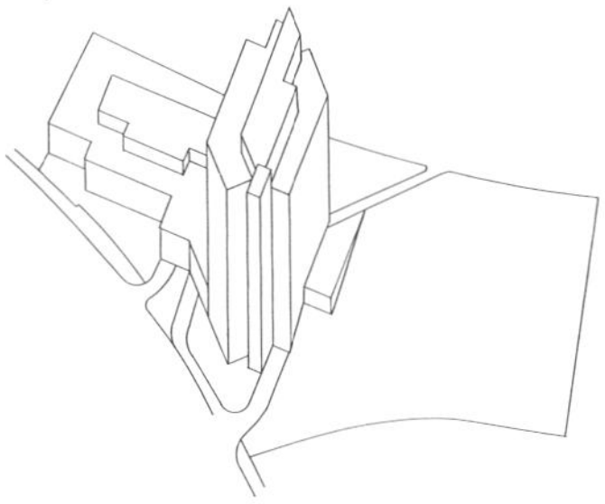

1970

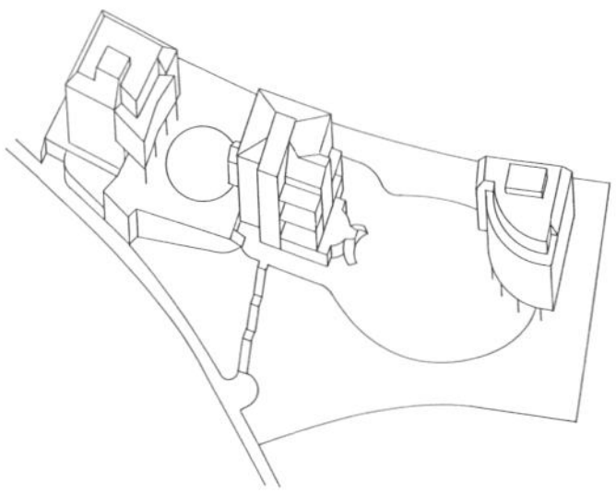

1982

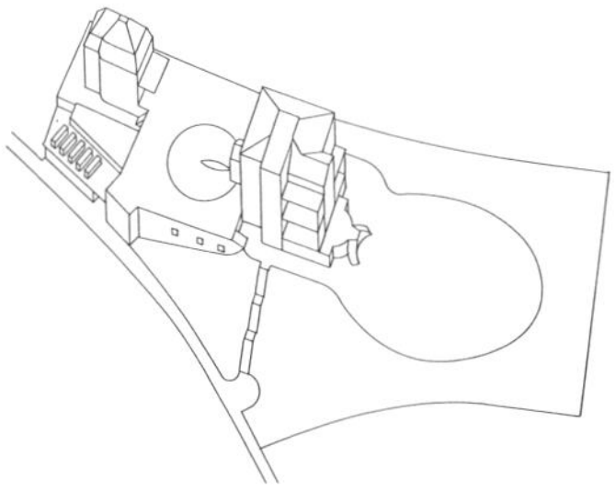

1992

Links oben: Der Weinberg zwischen der Zollikerstrasse (rechts) und der Feldeggstrasse (links) diente als Bauland; rechts das Gut «zur Vogelhütte» (Ansicht von Südosten, F. Schmid, um 1845).
Links Mitte: Die Villa in den 1970er Jahren.
Links unten: Das Projekt Hochhaus Abegg, 1970 (Schwarzenbach + Maurer).

Oben links: Die Villenanlage von Westen nach dem Umbau. Die Bibliothek in der Geländeterrasse ist erkennbar an den Scharten in der Mauerfront.
Oben rechts: Die Villa Bleuler vor dem Umbau, 1969. Das Projekt Hochhaus Abegg, 1970. Das Projekt Ingenieurbüro, 1982, mit zwei Neubauten im Garten. Das ausgeführte Projekt des SIK, 1993. (Vogelschaupläne von Südwesten, A. Adam, 1994)

Die Fassaden sind durch Ornamentbänder gegliedert: Plan von Alfred Friedrich Bluntschli, 1884 (Ausschnitt).
Kletterpflanzen hinterliessen Abdrücke.
Die Gesimsgurte war beschädigt oder fehlte ganz.
(Fotos vor der Restaurierung)

zum Empfang und wird in den Salon zur Besprechung oder ins (ehemalige) Esszimmer zur Versorgung (mit geistiger Kost) geführt. Die Serviceräume dienen wiederum der Bereitstellung von Dienstleistungen. Die Analogie mag amüsieren, aber bei der Nutzungsverlagerung von Wohnen zu Arbeiten ist auch die Umwandlung von Schlafzimmern zu Einzelbüros stimmig. Im Ökonomiegebäude verbleiben zwei Dienstwohnungen sowie ein Arbeitsbereich im Erdgeschoss. Geduckt hinter der grossen Gartenterrasse entstand im ehemaligen Nutzgarten als neue Arbeitsstätte das lichte Restaurierungsatelier an der Feldeggstrasse. Mittelpunkt aber, gewissermassen die Schaltstelle des gesamten Komplexes, ist das neue, unterirdische Bücherlager mit dem grossen Bibliothekssaal; das ovale Glasoberlicht im Rasenrondell vermittelt Tageslicht und weist zeichenhaft auf die neue Bedeutung der Gesamtanlage.

WÄNDE ERZÄHLEN

Bluntschli hatte nichts dem Zufall überlassen. Seine in satten Farben angelegten Pläne und Ansichten sind eine Augenweide. Sie geben uns Bescheid über Materialien, Farben und Beschaffenheit jedes geringsten Details. Sie zeigen aber auch unerbittlich, was sich verändert hat. Denn trotz Besitzeskontinuität und Sorgfalt im Gebrauch haben veränderte Zeitbedürfnisse Spuren hinterlassen. Mehr Licht, hellere Farben und schlichtere Flächen waren gefragt, was im Gebäudeinnern erst zu Vereinfachungen und dann zu monochromen Überfassungen von Wand- und Deckenpartien führte.

Während die originalbelassenen Malereien nur minime Schäden aufweisen, haben sich im Bereich von Überfassungen durch Verwendung von porenschliessendem Farbmaterial starke Spannungen ergeben, welche zu einem dichten Netz von Rissen und Aufwerfungen geführt haben. Infolge des Haftvermögens der jüngeren Malschichten gestaltete sich eine Freilegung der älteren Fassungen sehr aufwendig. Zugleich erlaubte aber die labile Haftung auf dem Putzgrund keine zusätzliche Überfassung, was den Handlungsspielraum entschieden einschränkte. So gesellten sich zu restaurierungsethischen Abwägungen technologische Probleme der schieren Machbarkeit. Die Fragestellung blieb stets dieselbe: Sollte der oberste Anstrich mit erheblichem Aufwand gefestigt, zurückgebunden und ergänzt werden als zwar authentische, aber wenig aussagekräftige monochrome Fassung? Oder rechtfertigte sich eine Freilegung der ursprünglichen, figurativ reichen Fassung unter Zerstörung der jüngeren Schichten? Wäre vielmehr, zur Vermeidung von Verlusten, das ursprüngliche Erscheinungsbild in einer Übermalung zu rekonstruieren? Oder sollten, nochmals anders, die verschiedenen Freilegungsfenster und Restaurierungsmuster als lebendiges Geschichtsbuch an Wänden und Decken belassen werden?

Ausgeführt sei hier das Beispiel des Treppenhauses. Im Bestreben, die Halle lichter erscheinen zu lassen, hatte Carl Abegg um 1905 das Fenster vergrössern und mit einer Glasmalerei versehen lassen. Das Gaslicht ersetzte er durch elektrifizierte Decken- und Wandleuchten. Die Wände wurden ihrer Quaderung beraubt und in einem kalkfarbenen Ton überstrichen; einzig die gliedernden Wandpilaster erhielten feine, lichtgrüne Filets. Anlässlich der Instandstellung von 1943 kam ein einheitlich beiger Anstrich an die Wände. Die originale Decke in reicher pompejanischer Manier hatte damit ihre Einbindung in die Architektur verloren und schien zu schweben. Dieser Zustand war zwar 'historisch', stellte aber eine markante Beeinträchtigung der ursprünglichen Raumwirkung dar. Daher fiel der Entscheid für eine Rückführung der

Wandmalereien in den ursprünglichen Bestand, unter Belassung des vergrösserten Fensters. Die getroffene Lösung kombiniert also Elemente verschiedener Zeiten zu einer neuen Einheit. Die ursprüngliche Fassung wurde in einer Musterachse freigelegt, angesichts des enormen Aufwandes im übrigen aber auf einem eingelegten Vlies rekonstruiert.

Noch akzentuierter stellte sich die Frage in der südöstlichen Loggia. Diese ist gewissermassen ein 'Sommerzimmer' mit weitgeöffneten Arkaden anstelle von Aussenwänden. Der ziegelrote Grundton der Innenwände mit ausserordentlich kunstvollen pompejanischen Malereien korrespondierte mit den Backsteinfassaden. Nach der Jahrhundertwende erfolgte eine stark vereinfachende Überfassung, die um 1943 selbst wieder einheitlich kalkfarben übermalt wurde. Durch die vorgetäuschten Kalksteinwände ging die Mittelstellung der Loggia zwischen Innen und Aussen verloren, der Sommerraum wurde gewissermassen ausgesperrt. Denkmalpflegerische Vorgabe war daher eine Wiedereinbindung der Loggia in die Gesamtarchitektur. Durch verschiedene Ursachen wie Wassereinbrüche und mechanische Eingriffe sind jedoch sowohl Putzgrund wie Farbschichten so gestört, dass jegliche Veränderung problematisch scheint. Geprüft wird eine vereinfachte Neufassung mit den hauptsächlichen Gliederungselementen. Die Arbeiten sind noch nicht abgeschlossen.

Neben den Malereien galt ein Hauptaugenmerk den kostbaren Wandbespannungen der Repräsentationsräume im Erdgeschoss. Im ehemaligen Esszimmer hatte sich ein smaragdgrüner Damast mit grossformatigen Blütendolden aus der Bauzeit erhalten. Nach der Demontage erwies sich die Seide aber als so brüchig, dass eine Hinterlegung mit Baumwollgewebe zur Zerstörung geführt hätte. Das Original wird daher museal aufbewahrt und musste am Bau durch eine Kopie ersetzt werden. Dagegen konnte ein lachsroter Seidendamast mit zierlichen Blümlein im Rokokozimmer abgelöst, gereinigt und wiedermontiert werden. Der Erker im Empfangszimmer zeigt eine gelbe Bespannung mit Jugendstil-Lilien, welche, wie die rotgestreifte Baumwollbespannung im übrigen Zimmer, an Ort instand gestellt wurde.

Schliesslich seien noch die wiederhergestellten Leuchtkörper erwähnt. Auf älteren Fotografien sind in der Halle historische Leuchten sichtbar, die aber nicht mehr auffindbar waren. Um die sonst intakte historische Ausstattung nicht zu verfremden, wurden die Leuchten anhand von Fotos und noch bestehenden Appliken detailgetreu nachgebaut.

Die südöstliche Loggia in der ursprünglichen Gestaltung: Plan von Alfred Friedrich Bluntschli, 1884 (Ausschnitt).
Spuren der ersten Fassung.
Die Überfassung von etwa 1905.
(Fotos vor der Restaurierung)

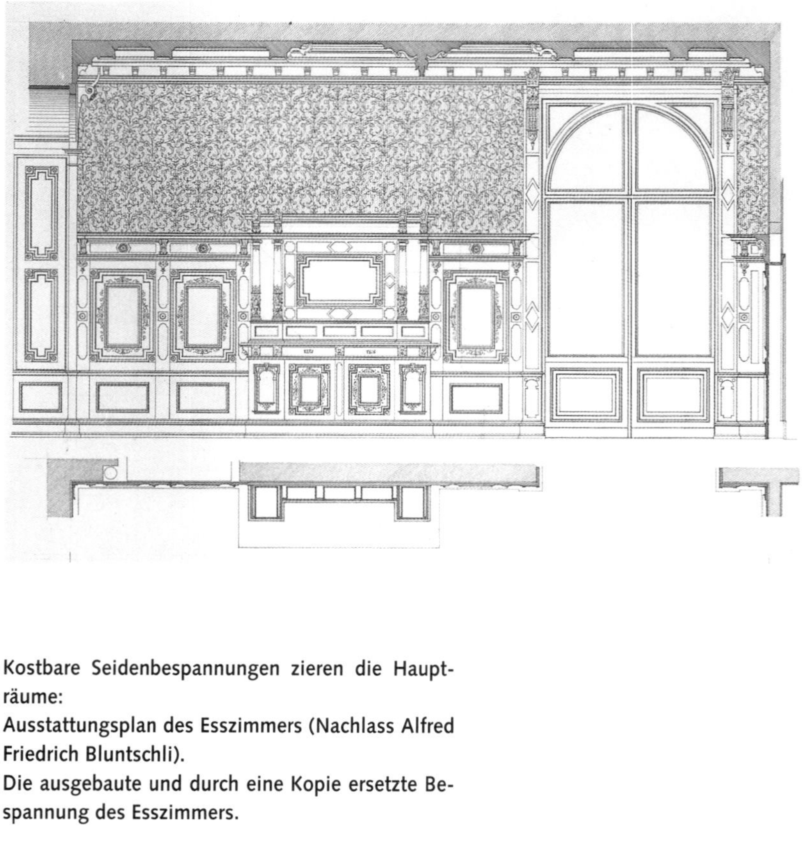

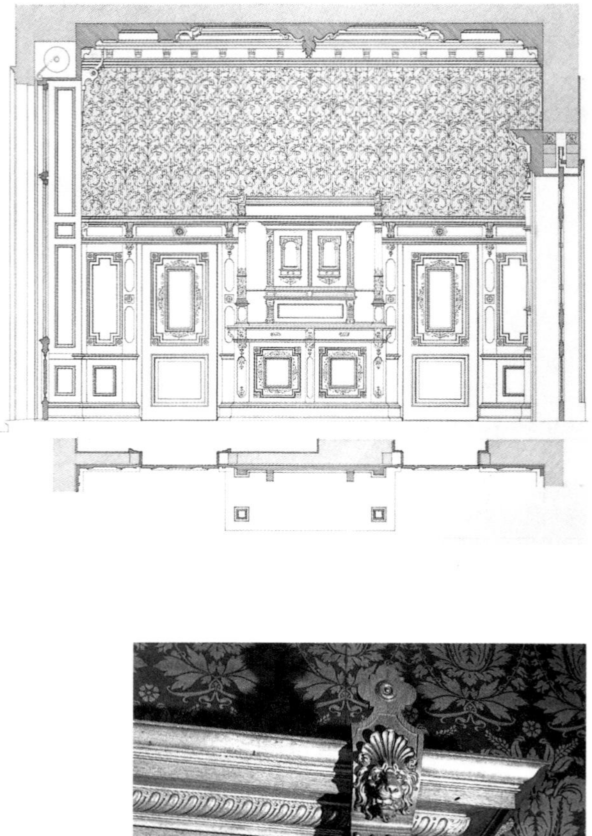

Kostbare Seidenbespannungen zieren die Haupträume:
Ausstattungsplan des Esszimmers (Nachlass Alfred Friedrich Bluntschli).
Die ausgebaute und durch eine Kopie ersetzte Bespannung des Esszimmers.

Das Treppenhaus wurde in der ehemaligen Farbigkeit rekonstruiert:
Ausstattungsplan von Vorhalle und Treppenhaus (Nachlass Alfred Friedrich Bluntschli).
Freilegeproben an Rahmen (links) und Gurte (rechts) (Fotos vor der Restaurierung).

Mittelpunkt der Villa ist die zweigeschossige Halle mit der anschliessenden Treppe.
Das um 1905 vergrösserte Fenster (Zustand vor der Renovation).
Die Malereien der Halle wurden belassen, überdeckte Stellen also nicht freigelegt.

Das Treppenhaus und die Halle verleihen der Villa Glanz und Monumentalität.
Die ursprüngliche Farbfassung wurde freigelegt oder rekonstruiert.
Im Vorbestand waren die Wände kalkfarben überstrichen (unten).

Weiterbauen

Arthur Rüegg

Zur Einweihung der neuen Räumlichkeiten des SIK in der Villa Bleuler am 6. November 1993

Der Umgang mit Altlasten ist schwierig, und es sind nicht nur die Schadstoffe, die zunehmend Sorgen bereiten, es sind auch die Altlasten der Baugeschichte. Die klassische Moderne hat in diesen Fragen noch eine klare Haltung einnehmen können: Sie war für eine sofortige, radikale Entsorgung und schimpfte alle Zögerer Reaktionäre und Traditionalisten; sie baute sie als 'Feinde' auf. «Doit-on brûler le Louvre?» fragte im Jahre 1920 der 'Esprit Nouveau' seine Leser, und er meinte damit nicht nur die ehrwürdigen Gebäulichkeiten, sondern auch deren ganzen Inhalt samt allen Leonardos, Fouquets und Rubens, dem ägyptischen Schreiber und der Venus von Milo. Und Karl Moser – ausgerechnet dem Nachfolger Alfred Friedrich Bluntschlis an der ETH – fiel es 1933 noch leicht, das ganze Niederdorf seiner Vision einer rationellen Bebauung zu opfern. Uns interessiert an diesen irrwitzigen Szenarien nur die Unerbittlichkeit, mit der alles bisher Geschaffene dem Gegenwärtigen und dem Zukünftigen entgegengesetzt und gleichzeitig zur Disposition gestellt wurde, wobei dieses Neue durch den grossen Massstab, die Klarheit des Konzeptes sowie durch seine Homogenität charakterisiert und deshalb mit der gewachsenen Struktur schwer kompatibel war.
Nun beruht das Geheimnis jeder erfolgreichen Propaganda auf der Wirksamkeit vereinfachender Schlagworte; die Wirklichkeit ist immer komplexer. Das Selbstbewusstsein der Avantgarden scheint sich aber zu vererben. Der Streit der Auffassungen dauert bis heute fort – ein Streit, der spätestens im frühen 19. Jahrhundert begonnen hat. Damals standen sich «Industrialismus» und «Romantik» gegenüber, wie Lewis Mumford vor ebenfalls 70 Jahren festgehalten hat. Er betonte die Janusköpfigkeit der Begriffe; es sei kein Zufall, dass «diese beiden Richtungen im gleichen Zeitpunkt auftraten, denn eigentlich waren sie die beiden Gesichter der neuen Zivilisation: das eine blickte in die Vergangenheit, das andere in die Zukunft, das eine verherrlichte das Neue, das andere hing liebend am alten; der Industrialismus, dessen Ziel es war, die physischen Existenzmittel zu vermehren, die Romantik, die ihr Dasein an dem leeren Schein der Vergangenheit fristete.»
Das Klima, in dem die Villa Bleuler entstand, ist also auf merkwürdige Weise mit demjenigen unserer Zeit verwandt, die sich um deren Erhaltung zu kümmern hat. Es lohnt sich, einen schnellen Blick auf die gegensätzlichen Positionen zu werfen, die sich – damals wie heute – wie These und Antithese gegenüberstehen.

I

Es scheint tatsächlich, dass das 19. Jahrhundert erinnerungssüchtig und sammlungswütig war wie kein anderes zuvor. Damals wurde das Museum erfunden, wie wir es heute kennen: für die integrale Erhaltung des 'fallouts' der Geschichte, aber auch für die ständige Unterweisung und Ermahnung seiner Besucher. Vor allem aber wurde damals das Konzept des Museums auf das gesamte städtische Umfeld ausgedehnt. Colin Rowe und Fred Koetter sehen in der Vorstellung der Stadt als einer losen Verbindung von Sammlungs- und Erinnerungsstücken ein Modell, das heute wieder höchste Aktualität besitzt. «Die Stadt als Quelle beliebiger aber sorgfältig gewählter Unterweisung [...], als eine Zusammenstellung griechischer und italienischer Erinnerungsstücke, einiger weniger nordischer Fragmente, einer sporadischen technophilen Begeisterung, vielleicht eines kurzen Flirts mit sarazenischen Überresten aus Sizilien – sosehr [diese Stadt] uns als beengende und veraltete kleine Sammlung erscheinen mag, könnte sie als Miniaturausgabe von Problemen betrachtet werden, die den unseren nicht völlig unähnlich sind.» Gemeint ist offensichtlich die Stilvielfalt und

die Heterogenität von Städten, die durch Altlasten der Baugeschichte geprägt sind – im Gegensatz zu Städten, die aus einem Guss gemacht sind.
Wenn man sich etwa an Schinkels und Lennés Potsdam erinnert – und insbesondere an die Schlösser und Gärten –, wird man gewahr, wie sehr dieses Konzept der 'Stadt als Museum' mit der Sehnsucht nach einer intakten, idealen Welt verbunden ist, nach einem Arkadien, das dem Biss der Realität entrückt ist. Man kann sich zu Recht fragen, wieviel Distanz nötig war, um römische Tempel, Thermen und Festungswerke, die einst als Symbole des Kolonialismus und der Unterwerfung gerade der Germanen standen, als nur noch schöne, dekorative Bestandteile eines Landschaftsgartens verwenden zu können. Sie mussten wohl ihre ursprüngliche Bedeutung gänzlich verlieren und wieder neu entdeckt werden – so wie wir heute die Villa des 19. Jahrhunderts nicht mehr als Herrschaftssymbol empfinden, das man entweder abreissen oder in ein Kinderheim verwandeln muss, sondern als Gesamtkunstwerk entdeckt haben – oder so wie die verschachtelten Häuser am Zürcher Kreuzplatz nicht mehr als Seuchenherd oder als Slum gesehen werden, sondern als liebenswertes Dokument der Stadtentwicklung.
So überlagern sich in der Stadt, die als Kollektion von Erinnerungsstücken dargestellt ist, kulturelle und didaktische Anliegen mit der resignierten Einsicht der Nachgeborenen, dass das Paradies immer zu anderer Zeit und an anderem Ort gewesen ist – der Ballenberg und Colonial Williamsburg lassen grüssen.
Während nun in Schinkels Potsdam Erinnerungsstücke aller Art auf ihre Formen und Bedeutungen hin untersucht und für einen aktuellen Gebrauch frei inszeniert, kombiniert und eventuell kopiert wurden, geht es heute um einen mehr wissenschaftlichen, aber auch um einen mehr administrativen oder buchhalterischen Akt: nämlich um das möglichst integrale Sichern der Geschichtlichkeit in ihren immer mehr gefährdeten materiellen Zeugen, ungeachtet ästhetischer Qualitäten, ungeachtet von Ort und Nutzen einer Sache. Dies wird mehr und mehr eine Aufgabe von Spezialisten, und es verdichtet sich dabei eine Haltung, welche Friedrich Achleitner bereits in den sechziger Jahren diagnostiziert hat: welche bei einer neuen Anlage allein die Veränderung sieht, die sie hervorruft – den Eingriff in die gewohnte Umgebung –, während beim Abbruch derselben Einrichtung nur die verklärten Erinnerungen in den Vordergrund treten.

II

Auf der anderen Seite steht offensichtlich die Stadt des «Industrialismus», der grosse Plan, die dynamische Entwicklung, der das Alte im Wege steht. Wir brauchen uns aber nicht mehr mit den einschlägigen Visionen von Soria y Mata, Ferris, Hilberseimer, Le Corbusier oder Karl Moser abzugeben. Die 'Stadt des Industrialismus' ist heute ebenso heterogen wie die 'Stadt als Museum'. Sie hat sich in der Realität eingerichtet, sie hat sich mit den Altlasten arrangiert – und sie ist dabei zum 'Commercial Center' verkommen. Von ihren Bewohnern wird sie als Konzentration von Geschäftigkeit angenommen, welche die Existenz sichert, und als Ort, wo die stets wachsende Freizeit konsumiert werden kann. In einer Stadt, wo jeder die Attribute der Stadtflucht – seine Wohnung im Grünen, sein Auto und seinen Fernsehapparat – zum Existenzminimum zählt und während der Ferien auf einen Erlebnistrip nach Afrika, nach Grönland oder zur Chinesischen Mauer flüchtet, dienen die Reste der Vergangenheit lediglich zur Dekoration des Freizeitangebotes, zur touristischen Vermarktung und zur Verpackung des Geschäftes. Man schützt daher die Fassaden, ohne sich um die Inhalte zu kümmern. Als Schmarotzer vergangener Zeiten füllen wir die leeren Gehäuse bedenkenlos neu ab, eine Physiognomie bewahrend, die mit dem Leben nichts mehr zu tun hat. Das makabre Spiel gefällt so gut, dass das «neue Bauen in alter Umgebung» – der Slogan der siebziger Jahre – ins Gegenteil pervertiert wird: zum «alten Bauen in neuer Umgebung». Im Shopping Center wie in den Tourismusgebieten wird die ganze alte Pracht in der Art eines Bühnenbildes nachgebaut. All das dient wie gesagt dazu, die Konsumenten in Stimmung zu halten und gleichzeitig vergessen zu lassen, dass eigentlich neue Architekturen zu schaffen wären, welche ihrerseits die Zeiten überdauern können. So dienen die alten Gehäuse in der 'Stadt als Commercial Center' vor allem als Feigenblatt für ein Barbarentum, für das nicht etwa die Architekten allein, sondern die ganze Gesellschaft verantwortlich zu machen ist.

III

'Romantik gegen Industrialismus' – die 'Stadt als Museum' versus die 'Stadt als Commercial Center': Beide Formulierungen sind in dieser extremen Schärfe nicht akzeptierbar. Weder der Archivar allein noch der Investor allein darf das Gesicht unserer Häuser und unserer Städte definieren. Wir wollen nicht wie unsere Vorfahren leben, aber auch nicht all unsere Erinnerungen über Bord werfen. Deshalb bleibt nur die Möglichkeit, einen Brückenschlag zwischen den extremen Positionen zu versuchen. These und Antithese werden dabei zu einer Synthese verschmolzen, die von Anfang an als 'neue Einheit', als Erkenntnis höherer Art, und nicht als 'Kompromiss' zu definieren ist. So bekennen wir uns zu den Denkmalen der Geschichte, gleichzeitig aber auch zu den Bedürfnissen unserer Zeit und betrachten den Brückenschlag als unsere gegenwärtige kulturelle Aufgabe. Einmal näher am Museum, dann wieder an der Grenze zum Kommerz, ist jeder Einzelfall individuell zu orten und auf verantwortungsvolle Weise neu zu bestimmen – ohne jedoch die Grenzen wirklich zu überschreiten. Nachdem der grundsätzliche Streit um die historischen Zeugen nun leiser geworden ist, hat die Frage nach der 'Art' der Erhaltung die entscheidende Bedeutung und gesellschaftliche Relevanz erlangt: Es ist eine 'Umbau-Vision' gefragt.
Das Projekt des SIK für die Villa Bleuler verlangte den erwähnten Brückenschlag, der tollkühn, aber keineswegs skrupellos gewagt wurde, nicht unter den Zwängen eines Diktates, sondern mit der lustvollen Neugierde des Entdeckers neuer Gefilde. Das Projekt ist ein Einzelfall wie jeder andere Entwurf im Spannungsfeld von Alt und Neu, aber es zeigt als eine Art Laborexperiment alle Probleme und Grenzen eines derartigen Spagats auf.
Statt einer grossbürgerlichen Familie beherbergt die Villa nun ein Institut, in dem Kunstsachverständige für eine weitere Öffentlichkeit arbeiten. Während diese neue Nutzungs<u>art</u> als ein grosser Glücksfall erscheint, erzwingt das Nutzungs<u>mass</u> eine Veränderung der gegebenen Anlage, die sich zunächst als Ärgernis für die Vertreter einer musealen Erhaltung erwies; der Architekt ist nun als 'Vermittler' gefordert.

IV

Die nachfolgenden Gedanken haben unsere diesbezügliche Rolle geprägt:
Wir setzen uns ein für die glaubwürdige Erhaltung des Denkmals in einer Stadt, die wir nicht als Museum begreifen, wohl aber als Ort der Erinnerung. Unser Interesse

gilt weder ausschliesslich der Unversehrtheit des Artefaktes noch ausschliesslich den utilitären Interessen der neuen Nutzer, weder ausschliesslich dem Haus noch seinem Garten allein. Wir bemühen uns vielmehr, ein Gleichgewicht zwischen den Dingen herzustellen, das stimmig ist und einer neuen, aktuellen Gegenwart entspricht, in einer Umgebung, die in ständigem Umbau begriffen ist.

Dabei kommt uns der Umstand gelegen, dass heute sowohl die 'Romantiker' als auch die 'Industrialisten' die Stadt nicht mehr als monolithisches Gebilde sehen. Sie erscheint vielmehr wie ein Mosaik, eine Collage oder ein Stück Nagelfluh – ein Agglomerat, das aus vielerlei Einschlüssen, aber auch aus kittartigen Materialien besteht. Die Heterogenität der Stadt und ihrer Bewohner erlaubt die Existenz der verschiedenartigsten Partikel – mal wird ein altes poliert, mal ein neues hinzugefügt –, und immer müssen diese Einschlüsse mit neuem Kitt zu einem immer grossartigeren, faszinierenderen Gebilde verdichtet werden.

Diese Arbeit am Stadtkörper zielt nicht vordringlich auf formale, sondern vielmehr auf inhaltliche Probleme. Der entscheidende Faktor ist die Glaubwürdigkeit des neuen/alten Ortes, die ebensosehr durch den aktuellen Gebrauch wie durch Form und Konstruktion der Anlagen bestimmt wird.

Den Unterschied zwischen banaler Anknüpfung am Bestand oder rücksichtsloser 'Modernität' und diesem neuen Gleichgewicht macht ein tragfähiges Konzept, eine 'Partitur' oder 'Idee' aus. Dabei sind besonders die Frage der Dominanz von alten oder von neuen Teilen sowie das Erspüren vorhandener Strukturen und ihres Veränderungspotentials von grosser Bedeutung.

Wir haben die Villa Bleuler, den Park und das Nebengebäude demnach als Bestandteil eines Stücks Stadt aufgefasst. Die Lösung, die wir gewählt haben, geht von den Strukturen des Ortes aus und versucht sie neu zu interpretieren.

Auf dem ehemals terrassierten Areal des Nebengebäudes wurden zunächst ein dunkles Fotoatelier und ein helles Restaurierungsatelier angeordnet. Dabei zogen wir den Werkstattcharakter der bestehenden niedrigen Strassenbebauung bis an die Stützmauer weiter und strebten so die Einbindung der Anlage in einen weiteren Bereich des Quartiers an – dieser Teil stellt gleichsam einen Mosaikstein dar, der einfach ausgewechselt wurde.

Sodann begingen wir zugunsten der Dominanz des 'Denkmals Villa' ein Sakrileg, indem wir hinter den wuchtigen Stützmauern der Vorfahrt anstelle der Auffüllung eine unterirdische Bibliothek einfüllten, die ebenfalls als ein nahtlos eingepasster Mosaikteil begriffen werden kann.

Ein neues Ganzes also, dessen verschiedenartige Teile sich wie Puzzlestücke mosaikartig zusammenfügen – eine Gleichzeitigkeit und prinzipiell eine Gleichwertigkeit von Alt und Neu. Die weitere Aufgabe musste nun darin bestehen, die Identität der einzelnen Teile zu verstärken und gleichzeitig die innern Grenzen und Brüche architektonisch umzusetzen, sie sichtbar und erlebbar zu machen. Vor allem galt dies für die Hypothek der unterirdischen Bücherei, die in ein Guthaben zu verwandeln war: Ein periskopartiges Oblicht und drei aus der Stützmauer ausgebrochene Fenster stellen diskrete Signale dar, welche die Existenz des neuen Inhaltes nach aussen transportieren. Gleichzeitig wird dadurch aber die Lebensqualität des unterirdischen Raumes erhöht. Auf diese Weise entstehen Unverwechselbarkeit und Identität des betreffenden Mosaikstückes, und das Sakrileg wird zum vertretbaren architektonischen Eingriff.

Oben: Pierre Haubensak. Tetras 29, 1989. Öl auf Leinwand.
Unten: Farbgestaltung im 1. Obergeschoss der Villa.

Rechts: Farbskala von Pierre Haubensak.

Es gibt in der ganzen Anlage eine bewusste Unterscheidung des räumlichen Charakters der einzelnen Teile und eine Betonung der Übergänge zwischen diesen Teilen, die fast immer mit Lichtereignissen verbunden ist.
Diese Differenzierung der Puzzleteile bedeutet indessen nicht, dass im historischen Bereich die neuen Eingriffe in einen bewussten formalen Gegensatz zur historischen Architektur treten müssen. Aus den sechziger und siebziger Jahren stammt der Gedanke, dass wir heute – gleichsam in einer Stunde Null – «das Alte in all seinen Entwicklungsformen zur Darstellung bringen» sollen, wie kürzlich noch im Tages-Anzeiger zu lesen war. Als 'Arbiter elegantiae' wählt demnach der Architekt aus, was er aus der Vergangenheit verwenden und «zur Darstellung bringen» will, und kontrastiert die herausgeputzten Fragmente dann mit einer neuen Welt aus Chrom und Glas, ängstlich darauf bedacht, jeden Verdacht eines neuen Historismus von sich zu weisen. Der Bestand wird so zu einer Folie zurechtgebogen, vor der sich das Neue inszenieren lässt, oder wird zum Bestandteil einer Collage, die auch gedanklich nicht mehr in ihre Teile zerlegbar ist.
Aus der Idee heraus, möglichst starke, einheitlich wirkende Mosaikstücke zu schaffen, gehen wir bei Eingriffen im historischen Bereich getrost näher an den Bestand, an dem wir «weiterbauen». Im Interesse eines kohärenten und glaubwürdigen Resultates versuchten wir dort, traditionelle konstruktive Themen mit den heutigen Mitteln zu formulieren: deshalb die Konstruktion der Treppen mit seitlichen Wangen, die Ausbildung von Futter und Verkleidung bei Türen und Fenstern, die Bekleidung von Oberflächen mit Furnieren aus Holz und Stein.
Dabei haben wir uns einen Begriff angeeignet, der aus der Welt der Restauratoren stammt: den Begriff der 'Fassung'. Wir stellen eine 'neue Fassung' des Objektes her und entdecken dabei, dass selbst ein so geschlossen wirkendes Ensemble wie die Villa Bleuler bereits mehrfach 'überfasst' wurde – im Jugendstil, in den vierziger Jahren –, mit dem Resultat, dass die meisten Räume nicht mehr Bluntschlis Handschrift unverfälscht erkennen lassen. Unser Ehrgeiz ist es also, nicht eine Entwicklung zu unterbrechen, sondern sie so weiterzuführen, dass weitere Fassungen möglich sein werden. Das Haus soll seine Geschichte erzählen können, es soll aber auch neue Geschichten zum besten geben – Geschichten wie die Märchen, die, am Spinnrad erfunden, sich endlos weiterentwickeln lassen.
Mit dem Begriff der Fassung ist der Begriff der Schichtigkeit eng verwandt. Wir haben bereits festgestellt: Jene Schicht, die mit der ursprünglichen 'Nutzung' zusammenhängt – sie umfasst Möbel, Bilder, den Orientteppich und die Zinnsoldaten, die Zimmerlinde und die Kakaotasse – , sie ist für immer verloren, weil sie ursächlich mit der Nutzung und dem Leben verbunden war. Sie wird ersetzt durch die Zeichen einer neuer Nutzung: Die Villa Bleuler ist nicht mehr das Wohnhaus des Obristen Bleuler, sondern der Sitz des SIK.
Wenn wir Fotografien und vor allem Gemälde und Zeichnungen betrachten, bemerken wir diesen Verlust besonders schmerzlich – sind es doch diese Gegenstände, die dort den Raum, um den es eigentlich geht, vertreten müssen. Da architektonischer Raum selbst zweidimensional kaum darzustellen ist, kommt in der bildenden Kunst gerne das rhetorische Mittel der 'Metonymie' zum Einsatz, um die Raum-'Stimmung' wiederzugeben.
Im 19. Jahrhundert war diese Schicht besonders bedeutsam, weil es ja – wie Walter Benjamin anmerkte – geradezu «wohnsüchtig» war. Es begriff die Wohnung als Fut-

teral des Menschen und «bettete ihn mit allem Zubehör so tief in sie ein, dass man an das Innere eines Zirkelkastens denken könnte, wo das Instrument mit all seinen Ersatzteilen in tiefe, meist violette Sammethöhlen gebettet liegt.»
Peter Greenaway hat diesen Sommer (1993) im Palazzo Fortuny gezeigt, wie man nachschöpfend, durch Arrangements, derartige Stimmungen erzeugen kann – Installationen, die für einen praktischen Gebrauch leider untauglich sind. In der Frage der mobilen Einrichtung ist man also allein auf seinen 'Geschmack' angewiesen.
Unter dieser ephemeren Schicht liegen aber die Oberflächen der Räume, wie sie der Erbauer konzipiert hat, oft als Träger architektonischer Gliederungen mit Malereien, Tapetenfeldern, Brusttäfern ausgestattet. Es ist eine Tatsache, dass auch bei den sogenannten «sanften Renovationen» all diese fragilen Bekleidungen zerstört werden. Die erste Sorge gilt also der Sicherung dieser raumbestimmenden Originale, die neben ihrem künstlerischen auch einen sogenannten «Alterswert» aufweisen. Darüber hinaus verlangt unser Konzept aber einen kongenialen Ersatz des Verlorenen, der gleichzeitig der neuen Nutzung zu entsprechen vermag. Und dieser Eingriff kommt abermals um eine Auseinandersetzung mit den Themen der historischen Architektur nicht herum, obwohl es evident ist, dass ein Ersatz nur aus dem Zeitgeist heraus formuliert werden kann.
Pierre Haubensak hat im Obergeschoss der Villa Bleuler gezeigt, wie aus einem schöpferischen Akt heraus etwa weisse Wände wieder die nötige Kraft erhalten, um schwere Decken zu tragen, und wie gleichzeitig die Lage des Raumes zur Sonne und zur Vegetation mit der Farbgebung in die Rechnung einbezogen werden kann.
Seine Töne sind aus den Pigmenten abgeleitet, die von Michelangelo bis Le Corbusier all jene verwendet haben, die Materialhaftigkeit und Volumenhaftigkeit geben wollten. Sie sind aber gleichzeitig so gewählt und in Beziehung gebracht, dass Unverwechselbarkeit – eben ein echter Haubensak – entsteht. Damit gelingt es ihm, das Tradierte und das aufregend Neue zu einem Ganzen zu verbinden – eine Ambition, der das ganze Projekt von Anfang an verpflichtet war.

Oblicht im Rondell

Sowohl das linsenförmige Oblicht als auch die drei aus der Stützmauer gebrochenen Fenster verleihen dem unterirdischen Bibliotheksraum Lebensqualität und Identität; darüber hinaus kommt ihnen die nicht zu unterschätzende Aufgabe zu, als architektonische Geste den unterirdischen Baukörper erkennbar zu machen.
Die Frage des Oblichtes im Rasenrondell wurde zunächst mit Fotomontagen (rechts unten) und dann mit einem Modell in natürlicher Grösse (links unten) untersucht.

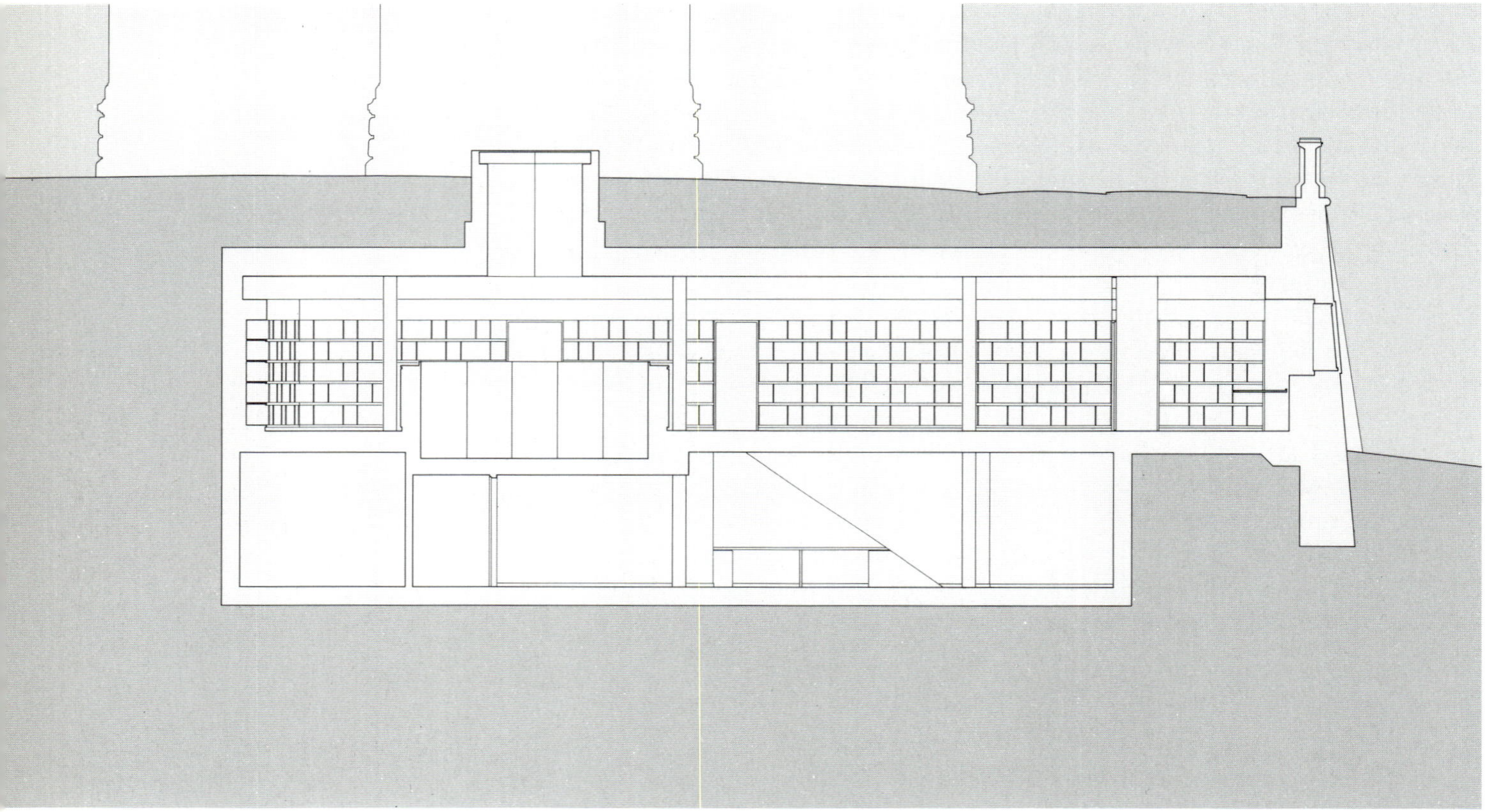

Notizen zur Erneuerung

ALTES HAUS – NEUE NUTZUNG

Das generelle Projekt für den neuen Sitz des SIK entstand während des ersten Halbjahres 1988 in relativ kurzer Zeit. Es stellte allerdings nur die erste Etappe eines langwierigen Planungsprozesses dar, der eine möglichst vollkommene Übereinstimmung der vorgegebenen Raumstruktur mit dem neuen Raumprogramm zum Ziel hatte – eines Prozesses, der selbst nach dem Bezug der Gebäude im Herbst 1993 noch nicht ganz abgeschlossen war. Dabei galt es zunächst, für eine glaubhafte Erhaltung der historischen Räume geeignete Nutzungen zu finden, dann aber auch Freiräume aufzuzeigen, in denen etwa grössere Ateliers oder Bibliotheken denkbar waren.

Innerhalb der so entstandenen Gesamtanlage stellt das Villengebäude eine dominierende Einheit dar, deren seit der Entstehung kaum verändertes Äusseres durch ein hervorragend erhaltenes Sichtmauerwerk bestimmt ist. Hier mussten vor allem Sandsteinteile ausgewechselt werden; der ursprüngliche Dachabschluss mit einem Balustergeländer und aufgesetzten Blech-Obelisken wurde in Kunststein rekonstruiert. Dazu kam die Wärmedämmung der Dachflächen, die wiederum mit Naturschiefer eingedeckt, und die Dichtung der Terrassen, die soweit möglich mit den alten ornamentierten Zementplatten belegt wurden. Die Blecharbeiten sind neu in Kupfertitanzink ausgeführt. Die Fenster der beiden Hauptgeschosse konnten geflickt und wiederverwendet werden – was einen wichtigen Beitrag zur Glaubwürdigkeit der äusseren Erscheinung darstellt –, ebenso die in Mauerschlitzen seitlich verschiebbaren Fensterläden.

Diesen auf Homogenität der Erscheinung zielenden 'restaurierenden' Massnahmen am Äusseren steht eine Vielzahl ganz verschiedenartiger Eingriffe im Innern gegenüber. Allerdings sollte auch mit ihnen weder sezierend die Geschichte aufgerollt noch eine dialektische Opposition zum historischen Bestand gesucht werden. Sie sind eher synthetisch angelegt; sie zielen auf ein selbstbewusstes und selbstverständliches «Weiterbauen» am Bestand.

Von Anfang an war klar, dass das Treppenhaus mit der pompejanisch dekorierten, von einem oktogonalen Oblicht erhellten Säulenhalle ein Hauptstück der Anlage darstellte, das mit erheblichem Aufwand – aber ohne Auflagen hinsichtlich eines 'funktionellen Gewinns' – restauriert werden sollte. Für das Treppenhaus wurde der ursprüngliche Zustand angestrebt, die Beleuchtung und die Halle des Obergeschosses aber sind im Zustand von 1905 wiederhergestellt worden.

Der Besucher betritt das Gebäude wie früher durch den Haupteingang und gelangt dann von der Halle aus in ein seitlich gelegenes Empfangszimmer – einen jener repräsentativen Räume des Erdgeschosses, die nach sorgfältiger denkmalpflegerischer Restaurierung einer neuen Nutzung zugeführt wurden. Die dafür notwendigen Eingriffe beschränkten sich auf die Möblierung; sowohl im grossen Salon (der für Sitzungen, Kolloquien und Empfänge benutzt wird) als auch im Esszimmmer (neu Seminar- und Sitzungsraum) wurden gewaltige Eichentische aufgestellt, um welche alle übrigen Gegenstände des Gebrauches versammelt sind, so dass die Wände freigehalten werden können. Diese Räume bleiben einem grösseren Publikum zugänglich. Im ehemaligen Küchenbereich entstanden dagegen Büros für die Sachbearbeiter der Archive.

Die ehemaligen Schlafzimmer des Obergeschosses werden als Direktionsbüros, Sitzungszimmer, Verwaltungs- und Sekretariatsräume genutzt. Hier wurden die nur in kleinsten Fragmenten nachweisbaren historischen Tapeten nicht rekonstruiert. Vielmehr ist mit dem Künstler Pierre Haubensak ein Farbkonzept erarbeitet worden, das den Kranz der Zimmer präzise auf die Oblichthalle bezieht. Die Farbigkeit gibt den Wänden das optische Gewicht, das den schweren Stuckdecken angemessen ist. Deren zum Teil aus dem Jugendstil stammende Deckenmalereien wurden nicht wiederhergestellt; lediglich die an Ort belassenen Fenster der Restauratoren weisen auf das unter den Malschichten noch Vorhandene hin. Sämtliche festen Einrichtungen dieser Räume sind in Gestellen zusammengefasst, die jeweils an einer Wand auf Türhöhe eingebaut sind. Auch alle Bürotische wurden speziell für diesen Bau entwickelt, um einen möglichst homogenen, nicht technoid wirkenden Gesamteindruck zu erzielen; es handelt sich um linolbelegte Arbeitsbretter, die entweder mit runden Metallbeinen oder mit Schubladenstöcken ausgerüstet sind. Letztere bestehen aus handelsüblichen Metalleinsätzen und einer Verschalung aus Holzwerkstoffplatten, in welcher die Zuleitungen ab Bodensteckdose zum Arbeitsplatz geführt werden können. Die entsprechenden Installationen sowie die Heizungsleitungen sind im ganzen Haus in der Bodenkonstruktion verlegt.

Über die Nebentreppe erreicht man das Dachgeschoss, wo auf ähnliche Weise die Büros der Abteilung 'Kunstwissenschaft' und die Gästearbeitsplätze untergebracht sind. Hier wird der Raum unter der Dachschräge mit Arbeitsbrettern genutzt; die Dachräume selbst sind ihrer weniger repräsentativen Lage entsprechend weiss. Nur das reich ausgestattete Turmzimmer wurde grün gefasst, und die Wände der zentralen Halle sind im Hellgrau des Nebentreppenhauses gestrichen, was das Holzwerk des ganz im ursprünglichen Zustand belassenen Aufganges zur Dachterrasse gut zur Geltung bringt.

In den Untergeschossen des Villengebäudes ist die Interpretation der Raumstruktur durch die neuen Nutzungen besonders gut spürbar. Die Archive der Bereiche Inventarisation und Dokumentation – wie etwa das Archiv für Fotonegative – befinden sich in den spektakulären gewölbten Lagerkellern, während die Bearbeitung in einem Raumgefüge stattfindet, das im talseitig belichteten Teil des Untergeschosses liegt; dieses wird durch Niveaudifferenzen und eine Bogenstellung bestimmt, welche die Südwestfassade der Villa trägt. In diesem Bereich, wo innerhalb der Villa am freisten gearbeitet werden konnte, ist die 'Grammatik' der neuen Schreinerarbeiten deutlich ablesbar. Mit massiven, grau gefassten Rahmenkonstruktionen wird zu der jeweiligen räumlichen Situation vermittelt. In die so entstehenden Nischen sind normierte Holzgestelle montiert, deren Tablare eine Lochung aufweisen für den Einsatz feiner vertikaler Unterteilungen. Die zwischen den Gestellen und der Rahmung jeweils auftretende Differenz ist als geschlossenes Fach ausgebildet und mit einer hellgelben Tür ästhetisch wirksam gemacht.

Hier, wie im ganzen Bereich der historischen Villa, wurden die Themen der traditionellen Architektur auf zeitgemässe Weise weitergeführt. Das abgesenkte Haupttreppenhaus etwa ist mit einer 'Wangentreppe' ausgerüstet; bestimmte Wandstücke sind mit dünnem, auf Aluminiumplatten aufgezogenem Dolomitstein 'bekleidet'.

AUS DEM AUGE – AUS DEM SINN?

Über diese Verlängerung des Haupttreppenhauses erreicht man entweder direkt vom Haupteingang oder von den Archiven aus die Bibliothek, einen grossen Raum, der als unterirdischer Zubau im ehemals aufgefüllten Bereich der Vorfahrt liegt. Empfangs-, Katalog-, Arbeits- und Leseraum sind mit einer muldenartigen Vertiefung gegliedert, welche durch ein in das Rasenrondell eingelassenes Oblicht beleuchtet wird. In einem dunkleren Bereich und in einem weiteren Untergeschoss stehen die Bücherregale, während der talseitige Randbereich mit drei Büros für die Bibliotheksangestellten besetzt ist. Durch drei in die Stützmauer eingelassene Fenster fällt Licht ein, welches über eine Glasbausteinwand verteilt und an den Bibliotheksraum weitergegeben wird. Oblicht und Fenster schaffen die Voraussetzungen für einen spannungsvollen und brauchbaren Raum am gegebenen Ort; ihnen fällt auch die Aufgabe zu, den unterirdischen Baukörper mit minimalen Mitteln aussen erkennbar zu machen.

Die Auseinandersetzung um dieses Element des Raumprogramms, welches das räumliche Angebot des Bestehenden sprengte, beanspruchte den grössten Teil der für die generelle Planung aufgewendeten Energie. Zunächst war geplant, nur das Bücherlager der Bibliothek als gänzlich unbelichtetes unterirdisches Magazin anzulegen. Es zeigte sich aber schon zu Beginn der Arbeit, dass die Büros der Bibliotheksangestellten nur im talseitigen Bereich dieses Bücherlagers unterzubringen waren. Während nun die Vertreter eines 'integralen' Schutzes insbesondere gegen die drei deswegen notwendig werdenden Fenster in der Stützmauer Sturm liefen, propagierte der Stadtzürcher Heimatschutz im Gegenteil die Idee eines zeltartigen Oblichts im Rasenrondell, um auf die unterirdische Anlage aufmerksam zu machen. Unterdessen hatte sich immer deutlicher gezeigt, dass ein Zusammenfassen aller Funktionen einer Freihandbibliothek unerlässlich ist. In der Folge wurde das obere, niedrige Bibliotheksgeschoss lokal etwas abgesenkt, um einen grosszügigeren und gleichzeitig geschützten Lesebereich zu schaffen. Das Thema eines Oblichtes an diesem wichtigen Ort wurde nun mit Fotomontagen und mit Modellen in natürlicher Grösse bearbeitet. Alle Vorschläge orientierten sich am Gedanken eines formal reduzierten, minimalen Eingriffs, der sowohl auf das im Gefälle liegende Rondell als auch auf den Eingang der Villa Rücksicht nehmen sollte: ein Schlitz im Boden, eine Glasplatte im Gras, ein ovales, die Grasnarbe durchstossendes Periskop. Diese letzte Alternative wurde gewählt und in einem zweiten Baueingabeverfahren schliesslich bewilligt.

Die Ausführung des Oblichtes erfolgte mit praktisch horizontal aufgelegten Isoliergläsern, die seitlich mit einem Bronzerahmen abgedeckt sind. Die aufgehenden Flächen sind mit kalksteinartigem Kunststein verkleidet; sie gliedern sich damit in die unterste, aus Kalk bestehende Sockelschicht der Villa ein. Auch die Fenster in der Stützmauer, die ohne Vorkehren im Sturzbereich direkt aus der Steinkonstruktion ausgesägt wurden, sind mit Bronzerahmen eingefasst. Die Fensterflügel, die sich in der Art von Garagetoren öffnen und beim Schliessen gegen den Rahmen gepresst werden, stellten technisch höchst anspruchsvolle Probleme; auch diese Konstruktionen dienen der Abstraktion und damit der Verfremdung gängiger Bauelemente zwecks Einpassung in die ungewöhnliche Umgebung einer 'Garten-Architektur'.

Oben: Rebecca Horn. Das Bad der verspiegelten Tautropfen, 1985. Installation, Ausstellung im Parc Lulin, Genf.
Unten: Variante zum Oblicht im Rasenrondell vor dem Portikus (Fotomontage).

HAUS ODER GARTEN?

Auf dem ehemals terrassierten Areal des Nebengebäudes wurden ein dunkles Fotoatelier und ein sehr helles Restaurierungsatelier angeordnet. Hier wurde der Werkstattcharakter der bestehenden niedrigen Strassenbebauung bis an die Stützmauer des Villengartens weitergezogen; das Restaurierungsatelier konnte demzufolge mit grossen Schiebefenstern und mit einer Reihe von Oblichtern optimal belichtet werden. Die Terrainverhältnisse dagegen liessen sich mit dem erhöhten Baukörper des

dahinterliegenden Fotoateliers neu interpretieren. Dieses geräumige Atelier kann auch als Vortragssaal für rund 100 Personen verwendet werden.
Konstruktiv wurde das Thema der Terrassierung so umgesetzt, dass das bergseits liegende Fotoatelier mit hohen, stehenden Betonunterzügen überspannt wurde, während über dem Restaurierungsatelier liegende Profile verwendet wurden. Diese geben auf der Strassenseite ihre Lasten an vorgefertigte Pilzstützen ab. Zwischen den einzelnen Balken fällt das Nordlicht über kistenförmige Oblichter in den Raum ein, die als Holzkonstruktion mit innerer Gips- und äusserer Blechverkleidung konzipiert sind. Die Schiebefenster bestehen aus Eichenholz; damit entfallen die bauphysikalischen Probleme einer Metallkonstruktion. Die ganze Fensterfront lässt sich mit Metallschiebeläden abschliessen.
Das Nebengebäude selbst (ehemaliges Kutscherhaus) bleibt nach aussen hin bis auf die von Fensterschlitzen durchbrochenen Garagetore unverändert. Im Innern wurden die beiden Wohnungen des 1. und 2. Obergeschosses wärmegedämmt und sanft renoviert. Die ehemaligen Garagen des Erdgeschosses dienen der Abteilung 'Kunsttechnologie' als Büro- und Laborräume. Der Keller schliesslich wurde zum Fotolabor. Diese Räume sind mit dem auch von der Feldeggstrasse erschlossenen Ateliertrakt über eine Treppe verbunden; dieser hängt wiederum über einen unterirdischen Korridor mit der Bibliothek und der Villa (Liftanlage) zusammen. Durch die terrassierte beziehungsweise unterirdische Anlage der Neubauten bleibt die Dominanz der historischen Anlage unverändert erhalten. Trotz dieser klaren Hierarchie wurde versucht, aus dem jeweiligen Ort des Eingriffes neue Räume mit einem starken Charakter und einem hohen Grad an architektonischer Folgerichtigkeit abzuleiten.

Modell des Restaurierungsateliers.
Modell des Fotoateliers.

Ateliertrakt

Auf dem Terrain des ehemals terrassierten Gemüsegartens entstanden ein dunkles Fotoatelier und ein helles Restaurierungsatelier. Über seinen werkstattartigen Charakter wird dieser Teil der Anlage in einen grösseren städtebaulichen Zusammenhang eingebunden (rechts unten: Zustand vor dem Eingriff und Fotomontage des Bauprojektes).
Kistenförmige Oblichter mit Verschalung in Kupfertitanzink, Schiebefenster in naturbelassenem Eichenholz, Schiebeläden in Chromstahlblech.

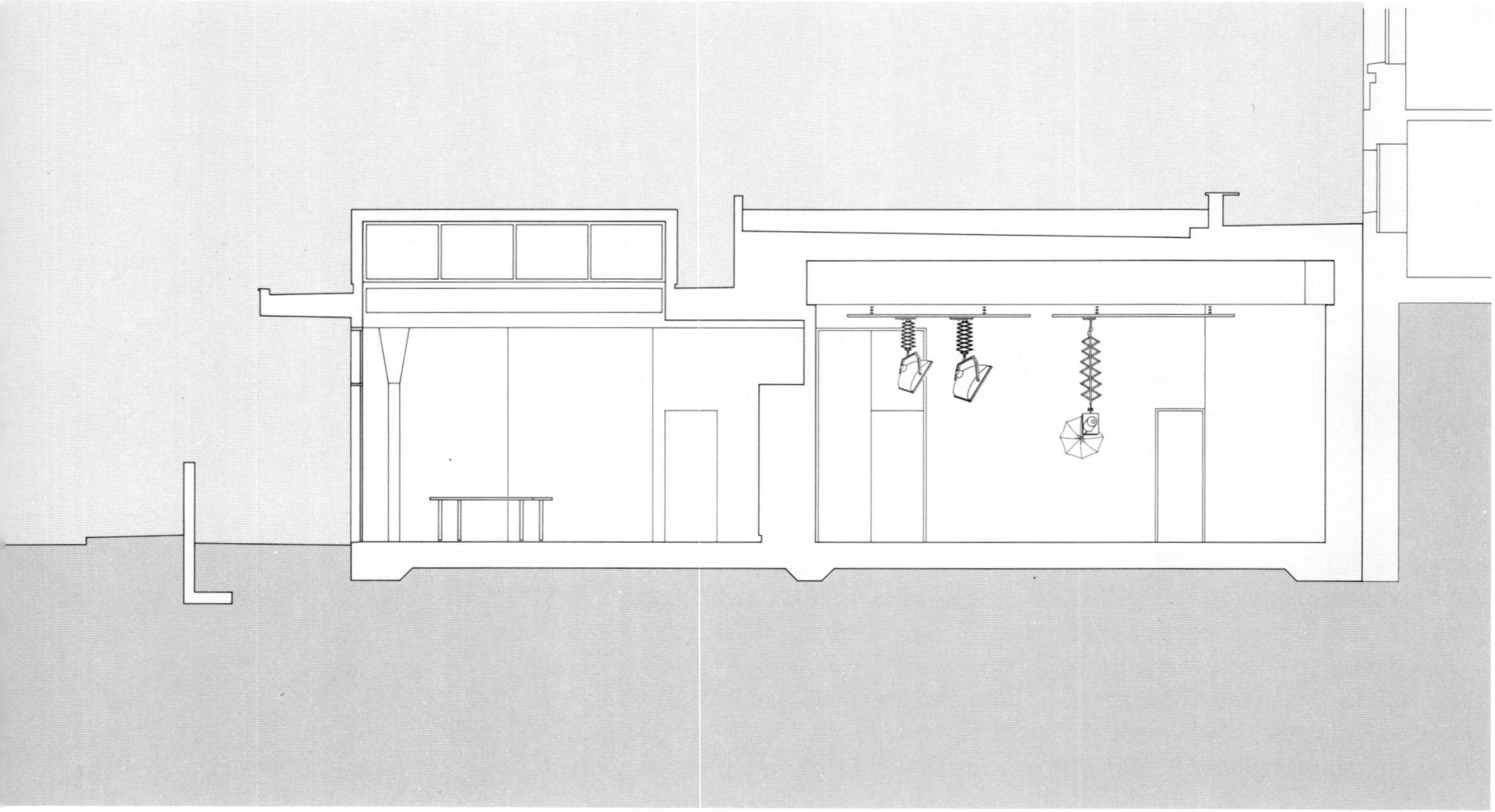

itzwerk
ihalten!

Carrosserie
Autospritzwerk

Carrosserie
Autospritzwerk

Dokumentation

Aussenbereiche

Der Baurechtsperimeter folgt eng dem Umriss des Gebauten. Ausserhalb dieses Bereiches wurden die Parkanlagen durch das Gartenbauamt einem Pflegekonzept gemäss instand gesetzt. Bei den hervorragend erhaltenen Backsteinfassaden der Villa mussten Sandsteinteile ausgewechselt und Malereien restauriert beziehungsweise rekonstruiert werden. Die Dachbekrönung mit Balustern und Obelisken wurde rekonstruiert. Hinter der gewaltigen Bruchsteinmauer unterhalb der Vorfahrt wurde eine Bibliothek eingefügt. Von diesem Eingriff bleiben von der Feldeggstrasse her quadratische Fenster sichtbar, die im wörtlichen Sinne 'ausgesägt' worden sind. Durch eine Reduktion der Details sollen sich die Bronzerahmen möglichst direkt in die Architektur der Stützmauer einordnen.

Die rekonstruierte Gartenterrasse mit den Aufgängen zu den Loggien.

Dachgeschoss

Um die oberste Treppenhalle gruppieren sich neben dem Turmzimmer neu ausgebaute ehemalige Estrich- und Dienstenräume. Das Geschoss beherbergt heute die Abteilung 'Kunstwissenschaft'.
Die unter der Dachschräge eingefügten Büros sind neben den Büchergestellen mit Tablaren im Fensterbereich ausgerüstet, welche als Ablegeflächen und Computerarbeitsplätze dienen.

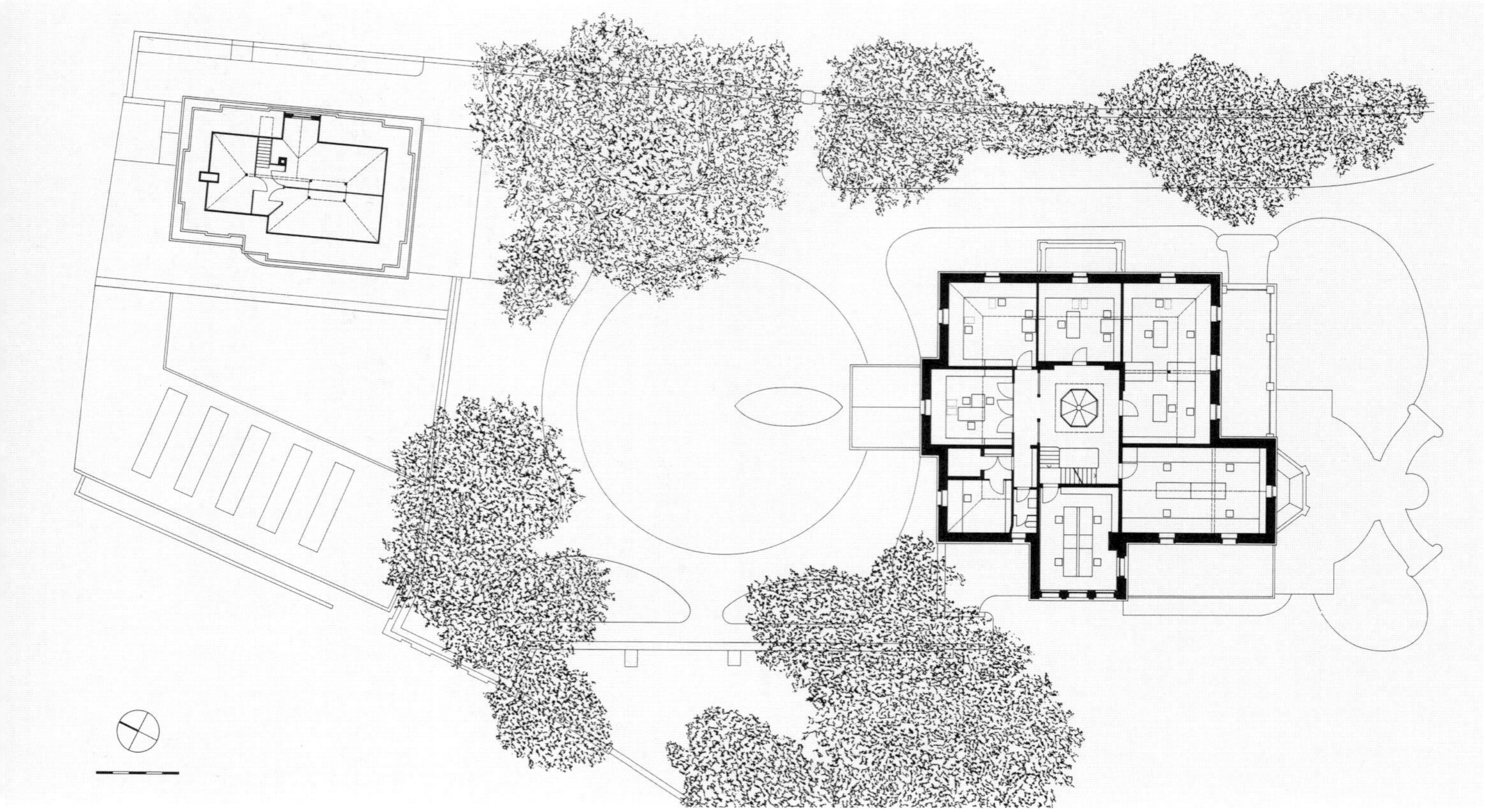

Das Turmzimmer mit Farbgestaltung von Pierre Haubensak und neuer Doppelverglasung.

Alte Türe, durch Einlage feuerhemmend aufgerüstet, daneben neue Türe im Dachgeschoss mit Hartholzrahmen und feuerfester Füllung.

Obergeschoss

In den ehemaligen Schlafzimmern des Obergeschosses befinden sich heute die Arbeitsräume der Direktion. Die Halle des Obergeschosses wurde im Zustand von 1905 restauriert, für die umliegenden Räume musste eine neue Fassung erarbeitet werden. Sie besteht aus eingebauten Holzgestellen, einem Farbanstrich der Wände, Mobiliar und Beleuchtungskörpern sowie Sanitär- und Liftinstallationen.

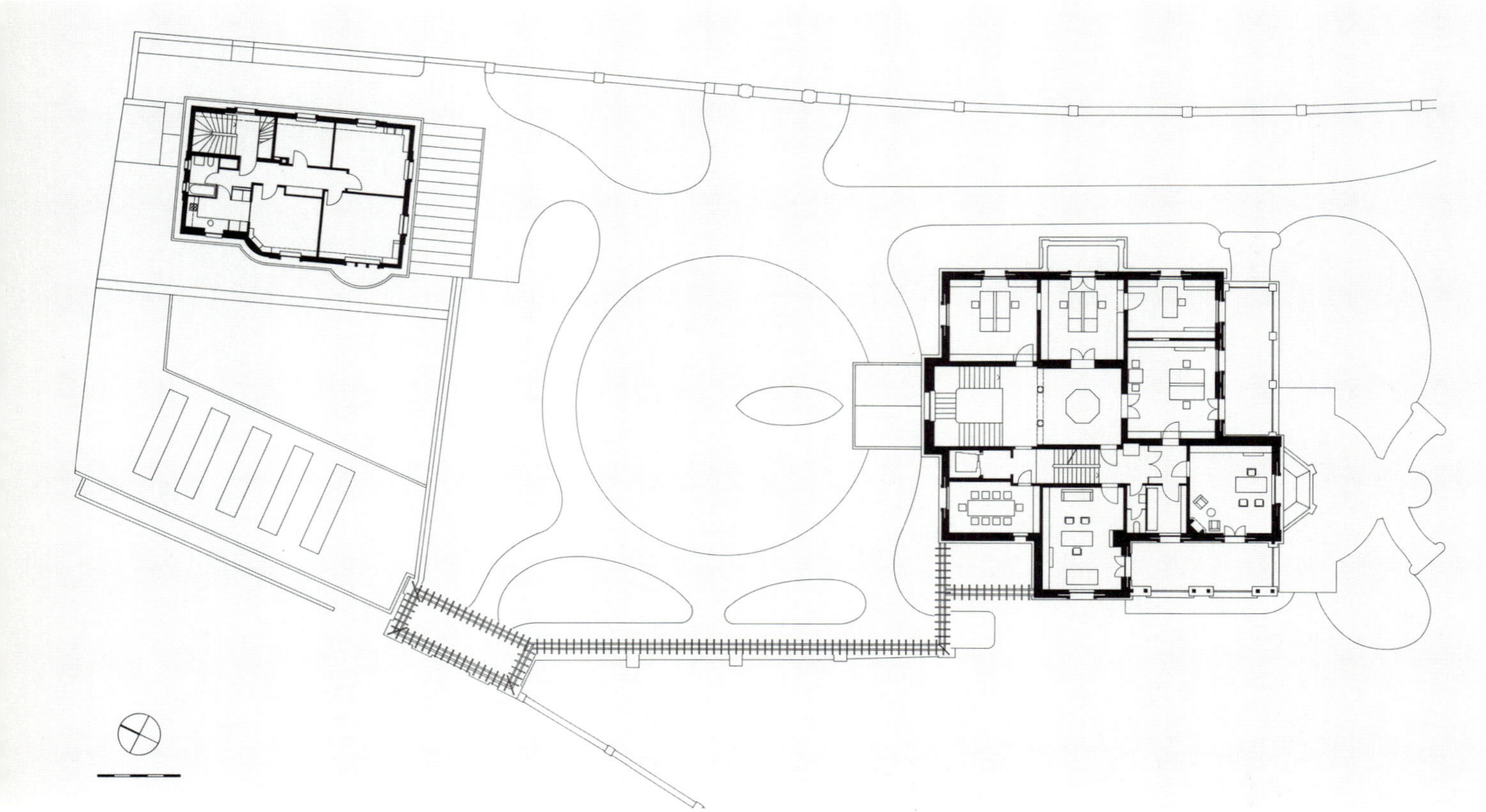

Schalter und Steckdosen aus handelsüblichen Komponenten und einer gefasten Glasplatte über dem Wandbelag.

Die Schreinerarbeiten bestehen aus normierten Gestellteilen (teilweise mit eingefügten Computerarbeitsplätzen) und kastenartigen Randelementen; ein dunkelgrauer Holzrahmen vermittelt zur Architektur des Raumes.

Erdgeschoss

Die repräsentativen Räume des Erdgeschosses werden heute als Empfangs-, Konferenz- und Seminarräume genutzt und sind damit auch der Öffentlichkeit zugänglich. Im ehemaligen Küchenbereich wurde ein zweigeschossiges Büro eingebaut; das Office wurde mit einem neuen Küchenteil ergänzt – eine besonders deutliche Demonstration des «Weiterbauens» am alten Bestand.

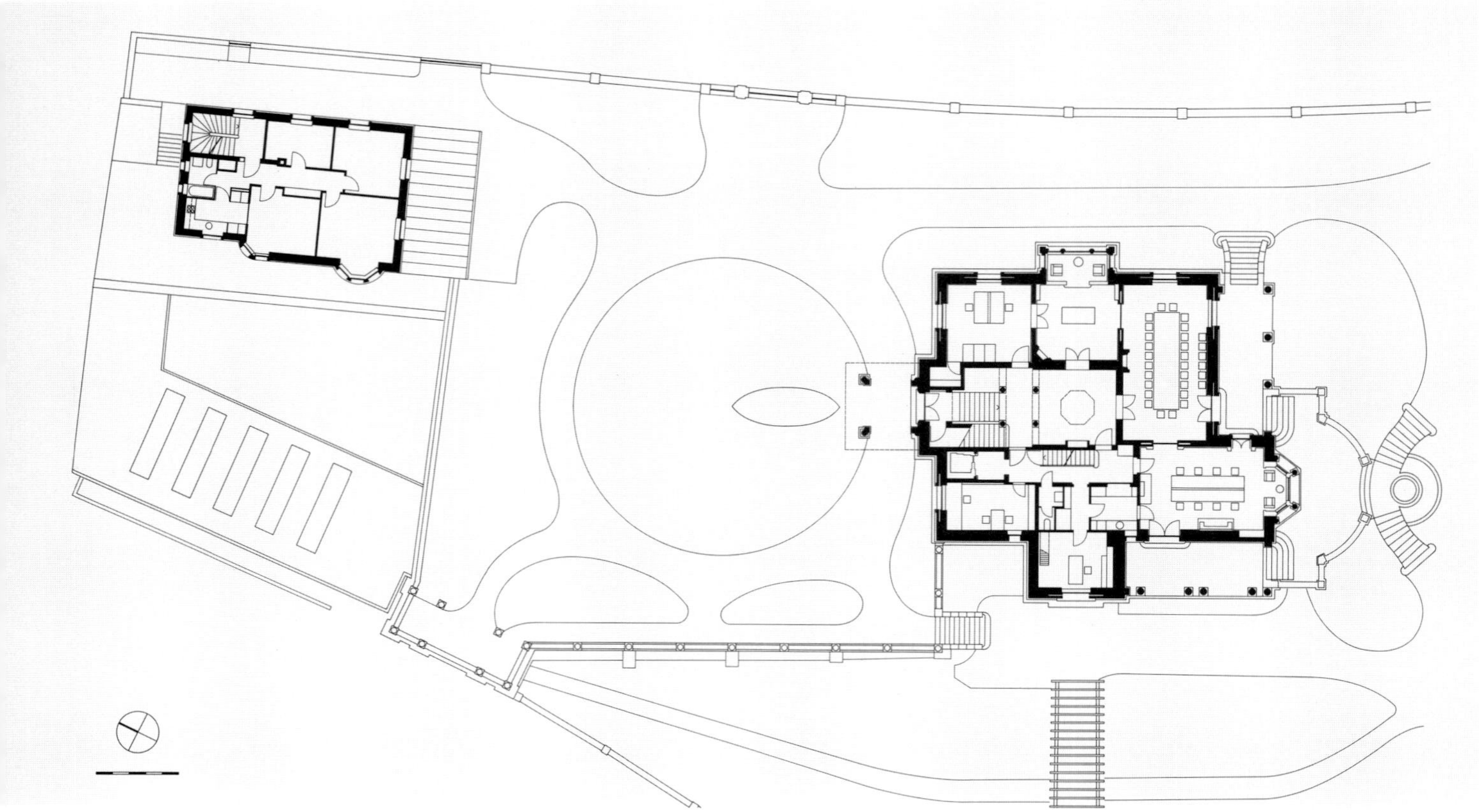

Der Salon wurde in der Fassung der 1940er Jahre restauriert; er dient heute als Konferenzsaal.

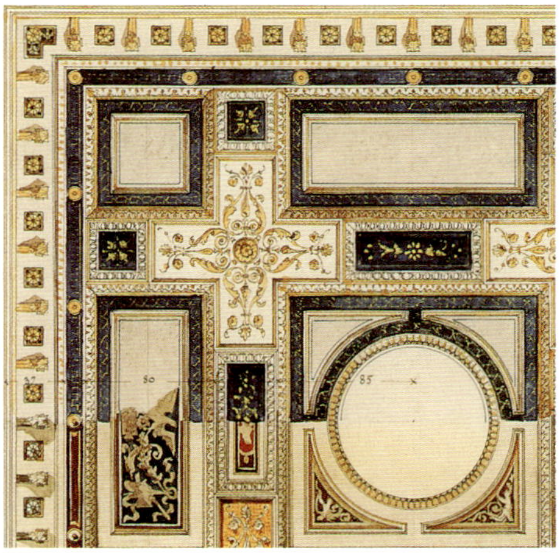

Im Esszimmer wurde lediglich die Stoffbespannung ersetzt; es dient heute als Seminar- und Sitzungsraum.

Untergeschoss Villa

Das Zwischengeschoss und das Untergeschoss der Villa beherbergen die Dokumentation und die Inventarisation. Ihre Archive sind in den bergseitigen gewölbten Lagerkellern untergebracht, die Bearbeitung findet in einem talseitigen Raumgefüge statt, das nach dem Abbruch von Zwischenwänden freigelegt werden konnte.
Der denkmalgeschützte ehemalige Anlieferungsbereich wird durch eine hinter dem Eingangsportal angebrachte, neue Glastüre zusätzlich belichtet.

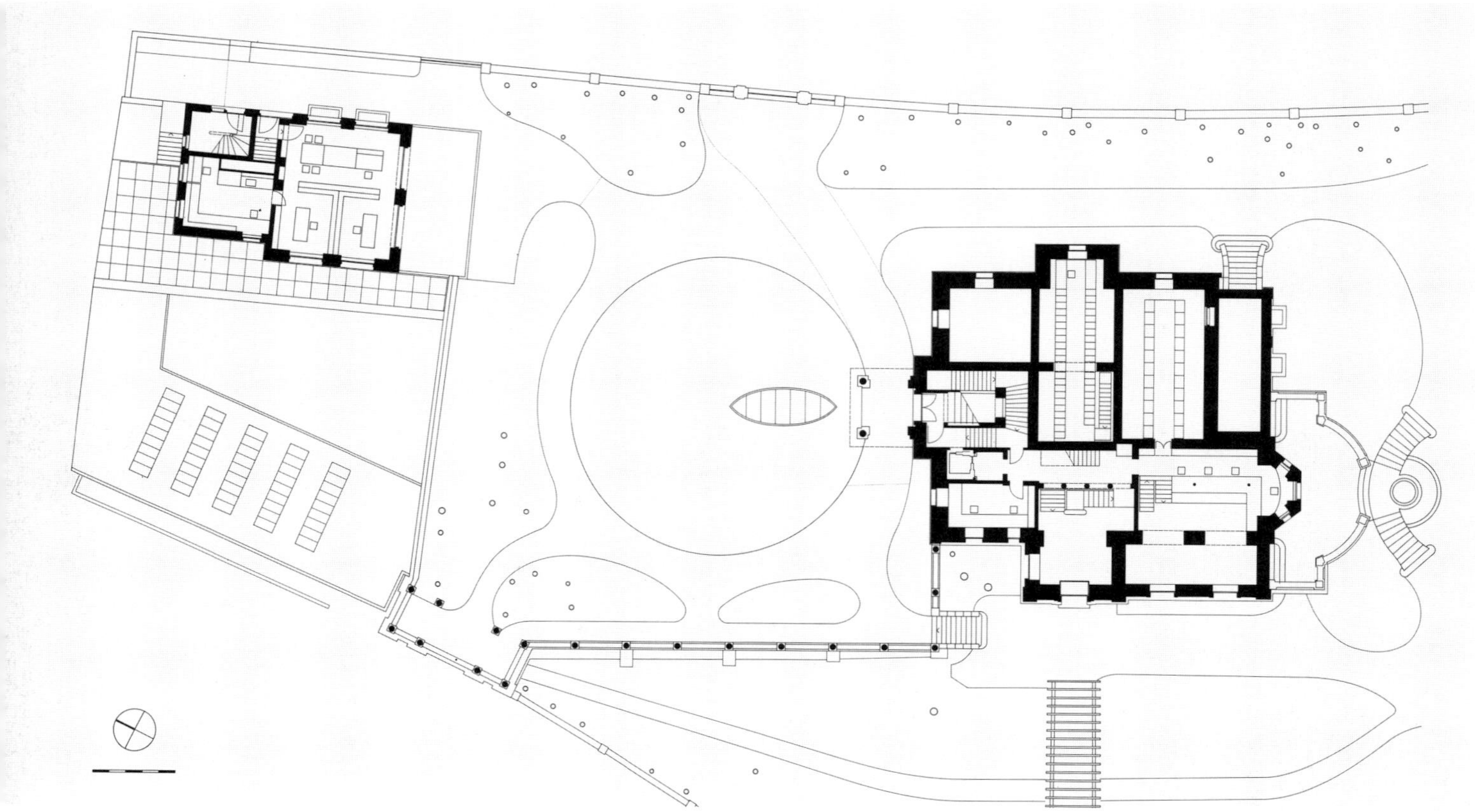

Arbeitsbereich in der Dokumentation; Besucherplätze auf der Galerie.

Archivbereich in der Dokumentation mit Stahlgerüst zur Aufnahme der Archivalien auf zwei Geschossen.

Bibliothek

In einem neu abgesenkten Vorbereich wurde die Haupttreppe der Villa bis ins Untergeschoss verlängert. Über der Bogenstellung im oberen Teil befinden sich die Säulen des Haupttreppenhauses; die beiden Rundbogen waren Teil des ehemaligen Heizungskellers. Die Bekleidung des Treppenkörpers mit einer Stein-Aluminium-Platte (Aerostone mit Verde Alpi) und der Terrazzoboden führen Themen des Altbaus in einem neuen Zusammenhang weiter. Über eine Glastür öffnet sich der Vorraum zur von oben hell erleuchteten Bibliothek.

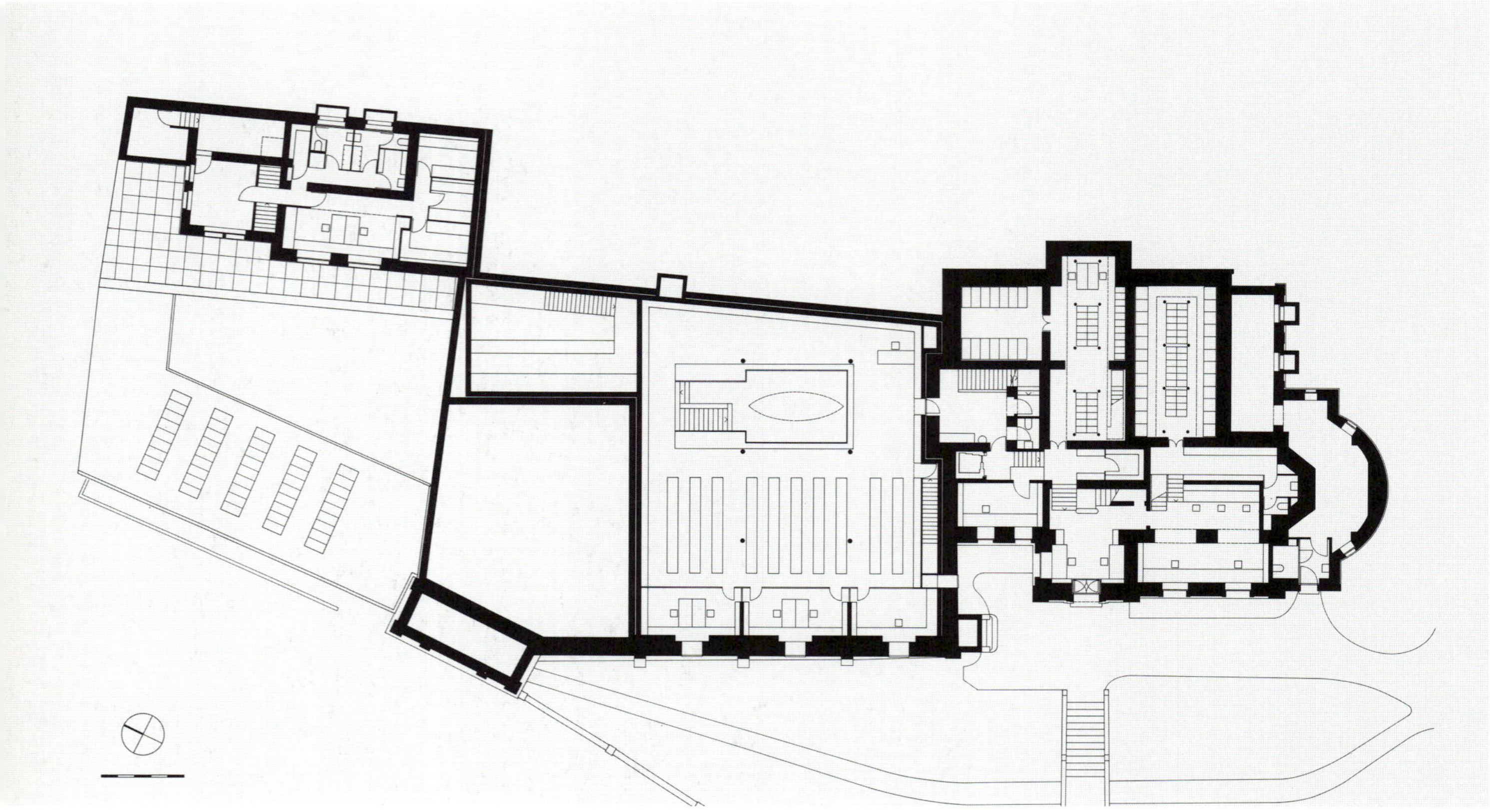

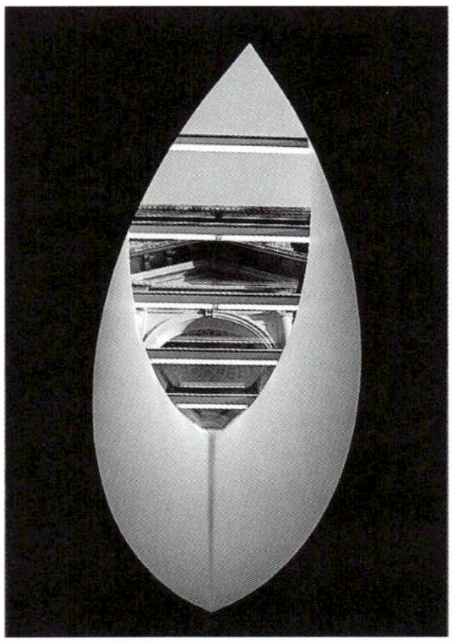

Abgesenkte Lesemulde; Auskleidung mit Quadrillo-Akustikplatten und Riemenparkett in Eiche.

Bibliothek ohne Möblierung; über die Fenster in der Stützmauer wird das einfallende Licht durch eine Glasbausteinwand an den Bibliotheksraum weitergegeben.

Ateliers

Von der Feldeggstrasse führt neben der vorspringenden Stützmauer ein ebenerdiger Zugang in den Ateliertrakt und weiter in den Bereich der Villa (Lift). Der historischen Stützmauer wurde eine Waschbetonwand vorgesetzt; der Boden besteht aus grauem Holzzement.
Das Fotoatelier wird von hohen, schwarz eingefärbten Betonunterzügen überspannt. Akustische Massnahmen (Dämmung in den Randbereichen, reflektierende Sperrholzsegel) dienen einer weiteren Nutzung des Fotoateliers als Vortragsraum.

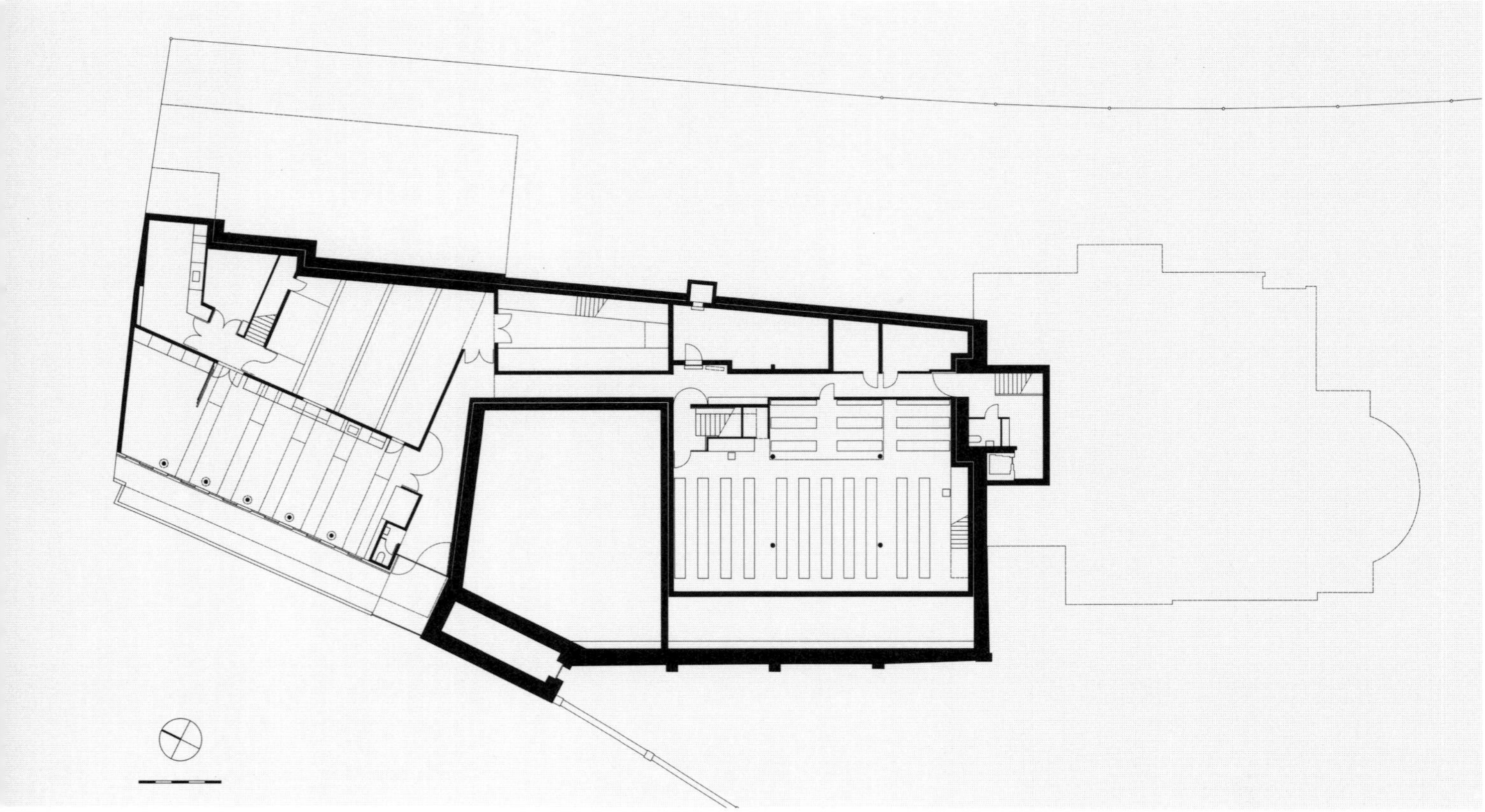

Fotoatelier mit Endloshorizont.
Arbeitsraum des Fotografen und der Fotografin im Untergeschoss des Nebengebäudes (mit ursprünglicher Hourdisdecke); im Hintergrund Eingang zum Fotolabor.

Oben: Restaurierungsatelier; Blick gegen den abteilbaren Werkstattbereich; Schiebefenster und feste Teile in Eichenholz, Boden in Holzzement; Schreinerarbeiten mit MDF-Platten; in zwei Schränken sind sämtliche Installationen untergebracht (Absauganlagen, Raumbelüftung, Spritzkabine).
Unten/rechts: Bilderdepot auf zwei Geschossen, vom Fotoatelier aus zugänglich; Einbauten in MDF mit linolbelegten Böden.

Anhang

BAUHERRSCHAFT	Schweizerisches Institut für Kunstwissenschaft, SIK, Zürich, vertreten durch Dr. Johannes Fulda, Präsident des Stiftungsrates, und Dr. Hans-Jörg Heusser, Direktor
Baukommission:	Dr. Johannes Fulda, Präsident Dr. Hans-Jörg Heusser, Projektleiter Prof. Paul Meyer-Meierling, ETH-Zürich Dr. Roman Hollenstein, Abteilungsleiter SIK (bis 1990) Dr. Albert Leschhorn, Rechtsanwalt, Zürich (bis 1990)
Bautreuhänder:	Peter Forrer, Langnau am Albis
Personalausschuss SIK:	Dr. Hans-Jörg Heusser Dr. Karl Jost Christian Marty Denise Vosseler Christine Berger
PLANUNGSTEAM	
Architekten:	Arbeitsgemeinschaft Villa Bleuler ARCOOP: Ueli Marbach und Arthur Rüegg, Zürich, Klaus Dolder, Hinwil Mitarbeit: Thomas von Ballmoos, Monika Stöckli
Landschaftsarchitekt:	Guido Hager, Landschaftsarchitekt BSLA, Zürich Mitarbeit: Brigitte Nyffenegger
Bauingenieur:	SKS Ingenieure AG, Zürich, Theo Weber
Bauphysik:	SKS Ingenieure AG, Zürich Mitarbeit: Georg Radecke
Denkmalpflege:	Andreas Jung, dipl. Arch. ETH Denkmalpflege der Stadt Zürich
Restaurierungsprojekt:	Christian Marty, Abteilungsleiter SIK, Zürich
Elektroprojekt:	Schneider Engineering, Zürich Mitarbeit: Jürg Aebi
Heizung/Lüftung:	Otto Gubser, Ingenieur HTL, Benglen
Sanitärprojekt:	Müller Walter Ing. AG, Zürich, Franz Grisiger Mitarbeit: René Leuthold
Akustik:	Bernard Braune, Binz

ROHBAUARBEITEN
Aushub:
Locher & Cie AG, Zürich
Gerüstbau:
Meier + Ritter AG, Zürch
Baumeisterarbeiten:
Locher & Cie AG, Zürich
Montagebau in Holz:
Locher & Cie AG, Zürich
Natur- & Kunststeinarbeiten:
Arnet & Co. AG, Zürich
Kunststeinarbeiten:
K. Studer AG, Frick
Natursteinverkleidungen:
Aerostone, Oberglatt
Montagebau in Stahl:
Dätwyler Metallbau AG, Zürich
Glasbausteinwand:
Jürg Semadeni, Thalwil
Fugendichtungen:
Albis Chemie AG, Adliswil
Brandabschottungen:
Schneider Dämmtechnik AG, Winterthur

BEDACHUNGEN
Steildächer:
Gehring Dachbau AG, Zürich
Gussasphaltbeläge:
Maurer + Hösli AG, Zürich
Perimeterisolation und Flachdächer:
AEZ Asphalt-Emulsion AG, Zürich
Spenglerarbeiten:
Paul Leonhardt, Zürich

ÄUSSERE ABSCHLÜSSE
Holzfenster-Restaurierung:
Markus Eigenmann, Feldmeilen
Holzfenster:
Sörensen AG, Kilchberg
Bleiverglasungen:
Fritz Scholz, Rümlang
Schiebefenster Atelier:
J. Berchtold AG, Zürich
Schreinerarbeiten Eingangstüre:
Jakob Heuberger, Zürich
Eingangstüre Atelier,
Dachoblichter Villa und Atelier:
Wolfermann-Nägeli Metallbau AG, Zürich
Fenster und Oblicht Bibliothek:
H. Gautschi Metallbau, Zürich
Rauchabzüge Oblichter:
Foppa AG, Chur
Schiebeläden Villa:
Markus Eigenmann, Feldmeilen
Metallschiebeläden Atelier:
Mesan AG, Grosshöchstetten BE
Roll- und Jalousieläden Nebengebäude:
Kindt AG, Otelfingen
Stoffstoren Dachgeschoss Villa:
Widmer Rolladen AG, Gossau

INSTALLATIONEN
Elektroinstallationen:
Kowner AG, Zürich
Telefonautomat:
E. Burkhalter AG, Zürich
Personensuchanlage:
Ascom Telematic AG, Dübendorf
Brandmeldeanlage:
Securiton AG, Zürich
Alarmanlagen:
Securiton AG, Zürich
Heizungsinstallationen:
Sulzer INFRA (Schweiz) AG, Zürich
Ölfeuerung:
Oertli AG, Dübendorf
Lüftungsinstallatinen:
Sulzer INFRA (Schweiz) AG, Zürich
Abzugsanlage:
KSU/A-Technik AG, Otelfingen
Spritzkabine:
SERVA Technik AG, Oftringen
Sanitäre Installationen:
Karl Waechter Ing., Zürich
Laboreinrichtungen Chemielabor:
Eggli AG, Stäfa
Laboreinrichtungen Fotolabor:
EPAL Engineering AG, Heimberg BE
Aufzugsanlage:
AL Lift, Tann-Rüti

INNENAUSBAU
Gipserarbeiten:
Bindella Handwerksbetriebe AG, Zürich
Schlosserarbeiten:
Schweizer AG Metallbau, Zürich
Wolfermann-Nägeli AG, Zürich
Kunstschlosserarbeiten:
Moritz Häberling AG, Kappel am Albis
Alte Geländer und Gitter:
H. Gautschi Metallbau, Zürich
Panzertüre:
Bauer AG, Rümlang
Metallabschluss:
Eugen Hechler AG, Zürich
Schreinerarbeiten, Restaurierung Holzwerk Villa
und Türen Villa, Bibliothek, Atelier:
Adolf Gucker, Zürich
Einbauten Büros Villa, Atelier, Nebengebäude:
Knuchel & Kahl AG, Zürich
Einbauten Bibliothek, Lesemulde:
Ehrat AG, Zollikon

Einbauten Bibliothek, Wandgestelle und Büros:
J. Berchtold AG, Zürich
Schiebetüren Atelier, Türen Nebengebäude, Ausbau Wohnungen, Holzhandläufe:
Müller Sohn & Co., Zürich
Schliessanlage:
Beschläge USW, Thalwil
Beleuchtungsschienen Fotoatelier:
Foba AG, Wettswil
Aluminiumteile:
Scholl Metallbau, Fällanden
Möbel:
Zingg-Lamprecht AG, Zürich
Equip Mobilia AG, Thalwil
Metallgestelle:
Compactus AG, Mellingen
Rollkorpusse:
Lista Organisation AG, Zürich
Vorhänge, Stoffbespannungen:
H. J. Furrer AG, Zürich
Beleuchtungskörper:
Mekapro AG, Zürich
Kunststeinbecken:
Marmor-Mosaikwerke AG, Baldegg LU
Akustiksegel:
Lignoform Akustik AG, Reiden
Bauaustrocknung:
Riwosa Bautrocknungs AG, Dübendorf
Baureinigung:
Paul Müller, Zürich

BODENBELÄGE
Unterlagsböden:
Emil Bodenmann, Zürich
Terrazzobeläge:
Brun del Re & Heinemann AG, Zürich
Steinholzböden:
Schaffroth & Späti AG, Winterthur
Kunststoffbeläge:
Amarit AG, Brüttisellen
Parkettböden, alte Böden Villa und Lesemulde Bibliothek:
Jaquet Parquet AG, Zürich
Neue Böden Villa und Nebengebäude:
A. Bänziger & Co., Zürich
Plattenarbeiten:
Eugen Bosshard AG, Zürich
Rekonstruktion Keramikteile:
Ganz Baukeramik AG, Embrach
Sockelleisten:
A. Baidrotti, Widen

MALERARBEITEN
Villa:
Schaub Maler, Zürich
Bibliothek, Atelier und Nebengebäude:
Bindella Handwerksbetriebe AG, Zürich
Rekonstruktionen, Dekorationsmalerarbeiten:
F. Becker Söhne, Zürich
Rekonstruktion Dachuntersichten und Putzfriese:
Christian Schmidt, Zürich

RESTAURIERUNGSARBEITEN
Treppenhaus und Hallen:
Ueli Fritz und Gertrud Fehringer, Bätterkinden
Doris Warger, Frauenfeld
Liselotte Wechsler, Luzern
Loggia, Dachuntersichten und Putzfriese:
Liselotte Wechsler, Luzern
Portikus und Büro Obergeschoss, Seite Feldeggstr.:
W. Stebler und U. Bertschinger, Fribourg
Decke Salon und Erkergewölbe Esszimmer:
Abteilung 'Kunsttechnologie' SIK (Thomas Becker, Gabriele Englisch, Andreas Franz, Danièle Gros Becker, Tina Gurgul-Nowocien, Anna Stoll)
Stukkaturen:
Hugo Baldinger, Jona
Textile Wandbeläge:
Ina von Woyski Niedermann, Trimbach
Karin von Lerber, Kreuzlingen

FOTONACHWEIS

Schweizerisches Institut für Kunstwissenschaft, Zürich (Jean-Pierre Kuhn): S. 10; S. 11 oben, unten; S. 12 oben, Mitte, unten; S. 13 oben, Mitte, unten; S. 14 oben, unten; S. 15; S. 16 links, rechts; S. 17 oben, unten; S. 37; S. 44 unten; S. 46; S. 48 unten links, unten rechts; S. 49 unten; S. 50 links, rechts; S. 55 links; S. 57 Mitte; S. 60 rechts; S. 61 oben; S. 66 unten; S. 74 unten links, unten rechts; S. 76 unten links, unten rechts; S. 77; S. 78; S. 79 oben, unten links, unten rechts; S. 80 unten links, unten rechts; S. 81; S. 82; S. 83 links, rechts; S. 84 unten links, unten rechts; S. 85; S. 86; S. 87 oben; S. 88 unten; S. 89 unten links, unten rechts; S. 90 oben, unten rechts; S. 91; S. 92 unten links, unten rechts; S. 93; S. 94; S. 95 oben links, oben rechts; S. 96 unten links, unten rechts; S. 97; S. 98 unten; S. 99 oben, unten links, unten rechts; S. 100 unten links, unten rechts; S. 101 unten; S. 102 unten.

Familienbesitz Bleuler: S. 18; S. 19 links, rechts; S. 20; S. 22; S. 23.

Reproduziert aus: Festschrift zur Feier des fünfzigjährigen Bestehens des Eidg. Polytechnikums, Zürich 1905, Bd. 2: Die bauliche Entwicklung Zürichs in Einzeldarstellungen, S. 427: S. 24.

Familienbesitz Abegg: S. 25; S. 26; S. 27; S. 28 oben, unten; S. 30 oben, unten; S. 31.

Martin Gasser, Weinfelden: S. 69 oben; S. 71 oben, unten; S. 75 oben; S. 89 oben; S. 98 oben; S. 101 oben; S. 102 oben.

Institut gta – ETH Zürich: Nachlass Alfred Friedrich Bluntschli: S. 21 oben und unten (11-076-37); S. 35 unten; S. 38 unten; S. 39; S. 40 oben (11-076-7), unten (11-076-5); S. 41 oben und S. 57 oben (11-076-9); S. 41 unten (11-076-6); S. 42 oben (11-076-10), unten rechts (11-076-11); S. 43 oben und S. 56 oben (11-076-8); S. 43 unten (11-076-12); S. 47 (11-076-4); S. 53 (11-076-42); S. 58 oben (11-076-26); S. 59 oben (11-076-34); S. 90 unten links (11-076-33).

Reproduziert aus: Staatliche Kunstsammlungen Dresden / Institut für Denkmalpflege, Arbeitsstelle Dresden (Hrsg.): Gottfried Semper 1803–1879, Kat. Ausst. Albertinum, Dresden, 1979 (Fribourg: Office du Livre / München: Callwey, 1980), S. 82, 245: S. 34 oben, unten.

Reproduziert aus: Schweizerische Bauzeitung, 1930, Bd. 96, Nr. 5, S. 87: S. 35 oben.

Amt für Bundesbauten, Bern: S. 38 oben.

Reproduziert aus: Martin Fröhlich: Sempers Hauptgebäude der ETH Zürich, hrsg. von der Gesellschaft für Schweizerische Kunstgeschichte (Schweizerische Kunstführer), Basel 1979, S. 4: S. 42 unten links.

Graphische Sammlung der Zentralbibliothek Zürich: S. 44 oben.

Guido Hager, Zürich: S. 45 oben, Mitte, unten; S. 48 oben; S. 49 oben; S. 51 unten.

Baugeschichtliches Archiv der Stadt Zürich: S. 51 oben.

Hochbauamt der Stadt Zürich, Büro für Denkmalpflege: S. 52 oben, Mitte, unten; S. 54 oben, Mitte, unten; S. 58 unten; S. 60 links; S. 61 unten.

Ueli Fritz + Gertrud Fehringer, Bätterkinden: S. 56 Mitte, unten; S. 57 unten; S. 59 unten links, unten rechts.

Arthur Rüegg, Zürich: S. 62 oben, unten; S. 63 oben, unten; S. 64 oben, unten; S. 65 oben, unten; S. 67 links, Mitte; S. 69 unten links, unten Mitte, unten rechts; S. 70 oben, unten; S. 72 unten; S. 73 oben, unten; S. 75 unten links, unten rechts; S. 103.

Jean-Pierre Kuhn, Zürich: S. 66 oben.

Farbskala nach Originalmustern von Pierre Haubensak: S. 67 rechts.

ARCOOP, Zürich: S. 68 oben, unten; S. 74 oben; S. 76 oben; S. 80 oben; S. 84 oben; S. 87 unten; S. 88 oben; S. 92 oben; S. 95 unten links; S. 96 oben; S. 100 oben.

Reproduziert aus: Parkett, Nr. 13, 1987, S. 66: S. 72 oben.

BIOGRAPHIEN

Hans-Jörg Heusser, 1942 in Zürich geboren, studierte zunächst Jurisprudenz; wandte sich dann dem Journalismus zu. 1970–1975 Studium der Kunstgeschichte an der Universität Zürich; Doktorat. Seit 1976 in verschiedenen Funktionen am Schweizerischen Institut für Kunstwissenschaft tätig; seit 1993 Direktor. Publikationen, vorwiegend zur Kunst des 20. Jahrhunderts.

Claudio Rotter, 1960 in Zürich geboren, studierte Geschichte, Völkerrecht und Deutsche Literatur an der Universität Zürich, arbeitet heute als Historiker und Berater für Unternehmensgeschichte und Öffentlichkeitsarbeit.

Anne Keller, 1956 geboren, Enkelin von Annie Bodmer-Abegg, studierte Geschichte und Europäische Volksliteratur an der Universität Zürich. Nach einer Ausbildung in Verlagsmarketing arbeitete sie in verschiedenen Verlagsbereichen. Heute ist sie in der Unternehmens- und Kommunikationsberatung mit Schwergewicht Medien und Kultur tätig.

Martin Fröhlich, 1940 geboren, dipl. Arch. ETH 1967, Dr. sc. techn. 1974, wirkte 1968–1978 als Oberassistent am Institut für Geschichte und Theorie der Architektur (gta) der ETH Zürich, 1978–1990 als Sekretär der Eidgenössischen Kommission für Denkmalpflege; seit 1990 Denkmalpfleger der Bundeseigenen Bauten. Publikationen zur Baugeschichte des 19. Jahrhunderts, vor allem über Gottfried Semper. Bundesexperte bei der Restaurierung der Villa Bleuler.

Guido Hager, 1958 geboren, Landschaftsarchitekt HTL. Nach einer Gärtner- und Floristenlehre Studium am Interkantonalen Technikum Rapperswil. Seit 1984 eigenes Büro für Landschaftsarchitektur in Zürich. Lehrtätigkeit am ITR und an der Universität Bern. Beiträge in Fachzeitschriften.

Andreas Jung, 1942 in Zürich geboren, dipl. Arch. ETH Zürich, Denkmalpfleger. Nach dem Studium arbeitete er während drei Jahren in einem Architekturbüro, seit 1974 im Büro für Denkmalpflege der Stadt Zürich. Beiträge in Zeitschriften zur Stadtgeschichte und zu historischen Bauten.

Ueli Marbach, 1941 in Zürich geboren. Dipl. Arch. ETH Zürich 1968; wirkte dort 1974–1978 als Assistent. 1986 und 1988 lehrte er am Virginia Polytechnic Institute in Blacksburg; seit 1991 hat er einen Lehrauftrag an der ETH Zürich inne. Er ist Vizepräsident des EUROPAN Schweiz.

Arthur Rüegg, 1942 in Bülach-Zürich geboren. Dipl. Arch. ETH Zürich 1967; wirkte dort von 1974–1979 als Assistent. Lehrte 1979 an der Syracuse University; 1984–1988 als Gastprofessor, seit 1991 als ordentlicher Professor an der ETH Zürich tätig. Er forscht und publiziert zur Architektur und zum Design der Moderne.

1971 Büro ARCOOP (Marbach und Rüegg) in Zürich. Wichtigste Bauten:
1977–1984 Manessehof in Zürich-Wiedikon
1981–1985 Quartier- und Seniorenzentrum «Karl der Grosse» in Zürich
1981–1985 Wohn- und Geschäftshaus Spalenvorstadt in Basel
1983–1986 Gesamtsanierung der Werkbundsiedlung Neubühl in Zürich
1988–1991 Schulhaus Otelfingen
1988–1993 Erweiterung des Bahnhofs Zürich-Oerlikon

Klaus Dolder, 1933 in Zürich geboren, bildete sich in der Schweiz und den USA (Boston, Los Angeles) als Architekt aus und wirkte von 1972–1983 als Assistent an der ETH Zürich. Seit 1986 lehrt er an der HTL Winterthur. Er führt ein eigenes Büro in Hinwil-Zürich, wo er sich vorwiegend mit Problemen im Umgang mit alter Bausubstanz befasst.